文春文庫

続々・怪談和尚の京都怪奇譚

三木大雲

文藝春秋

目次

続々・怪談和尚の京都怪奇譚

はじめに

おかげさまで、今回でシリーズ三冊目となりました。

これもひとえに、本書をお買い求め下さった皆様のお陰と感謝しております。心よりお礼申し上げます。

さて、このシリーズでは、登場する個人名は、全て仮名とさせて頂いております。話については、体験者の方の許可を得て載せさせて頂いておりますが、一部事実を変更して書いております。これは、体験者の方々や、細かい場所の特定を避ける為ですのでご了承下さい。

世界には、未だ科学では証明されていない不思議な話が沢山あります。

本書にも、嘘としか思えない信じられない話が出て来ます。もしかしたら、私自身が体験したものも、単なる勘違いや妄想ということもあるかも知れません。

しかしながら、現実世界を見れば、やはりそうとも思えない事柄があります。例えば最初に出てきます、大黒様の話などは、単なる夢や偶然とは考え難い出来事です。

書かせて頂きました話を信じるか信じないかは別として、そこから学ぶことは沢山あると思うのです。

私はそれを「怪談説法」と題して、全国にも話に出掛けております。

本書をお読み下さった方々の、生きるヒントの一つ、幸福になる一歩にでもなれれば、幸いです。

それでは、怪奇な世界をお楽しみ下さい。

第一章

天《てん》眼《がん》

仏教には、神通力という言葉が出て来ます。現代風に言い換えますと、霊感とか超能力という感じでしょうか。神通力には六つの種類があり、その中の一つが天眼です。天眼は、色界（煩悩や欲は持たないが、肉体は持っている者の世界）にいる天人に備わっている眼で、この世のあらゆることを見通す力を持っています。例えば、輪廻転生の様子、過去や未来、遠く離れた世界を映像として捉えることが出来るのです。

皆さんは、この天眼を手に出来るとしたら、身につけたいと思われるでしょうか。勿論、未来を知る事が出来るのは、魅力的です。

しかしながら、決して善い事ばかりではないでしょう。何故なら、知らなくても良かった事実を知って、心が乱れてしまう事もあるからです。

ここまでの話ですと、未来は決まっているようですが、実はそうではありません。今、天眼を通して見た世界が不幸な世界であっても、未来は変えることが出来るのです。その方法とは、今を正直に、柔軟に生きることです。今をいかに生きるかで、良き未来を迎える事が出来るのです。大切なのは未来を変える、今の過ごし方なのです。

そんな天眼の力が加わったのではないかと思える不思議なお話を書かせていただきました。

大黒様の御利益

私が蓮久寺《れんきゅうじ》に初めて引っ越しして来た時の話です。

本堂の隣の部屋で寝ていると、ボロボロのお姿の大黒様が夢に出てこられました。

「もう、出て行くわ」夢の中で大黒様は、関西弁丸出しで、そう言って本堂の扉から外に出て行かれました。その際に、肩から提げておられる大きな袋から、いくつかのキラキラと光っている宝物が落ちました。

「大黒様、何か落ちましたよ」

そう私は声をかけました。

すると大黒様は振り返って

「そのくらいなら、大雲にあげるわ」

とおっしゃいました。

その瞬間、夢から覚めると布団の上で正座をしていました。今まで起きた時に正座をしていたことは一度もありません。ですから、これは正夢に違いないと確信しました。

しかしながら、大黒様の仏像は、蓮久寺で見たことがありませんでした。もしかしたら何処かに大黒様の仏像があるのかも知れないと思いお寺中を探し回りました。すると、本堂の端っこの壁の隙間に、夢で見た大黒様が居られたのです。

そのお姿は、まさに夢に見たままで、色は剝げ落ち、木は腐ったようになっていました。後ろを見ると、肩から提げておられる袋の一部が欠けていました。恐らくこの部分から宝物が落ちたのでしょう。

蓮久寺はもともとお檀家様が殆ど居られないお寺でした。建物もかなり痛んでおり、雨漏りが酷く、雨の日はバケツを色々な場所に置いて寝ました。

建物だけではなく、一番驚いたのは仏像の状態でした。殆どの仏像の手や足が破損しており、中には手首が折れてぶら下がった状態になっている物までありました。こんな状況では、大黒様が出て行かれるのも無理はありません。

私はこれら全ての仏像を修復することが、住職になって初めの仕事だと感じたのです。

そこで、少ない檀家様方に声をお掛けし、ご寄付をお願い致しました。檀家の方々は、新しい住職のお祝いも兼ねて、大変頑張って修復費を捻出してくださいました。その結果、仏像の修復を無事に行うことが出来たのです。

ですが、夢に出てこられた大黒様の修復費までは、手が届きませんでした。

そこで私は、お詫びを兼ねて、こうお伝えしました。

「大黒様、お釈迦さまや文殊普賢菩薩《もんじゆふげんぼさつ》様の修復でお金がなくなりました。大変申し訳ありません。そこで、重ねて申し訳ありませんが、大黒様がご自身で頑張っていただけませんでしょうか」

失礼ながら、大黒様といえば、福徳の神様ですから、修復費を集めることもお出来になると思ったのです。

そのお話をして直ぐに、痛みがこれ以上酷くならない様に、仏壇屋さんに預かって頂く事にしました。

預かって頂いてから三日すると、仏壇屋さんが大黒様を返しに来られました。お約束では、何年先になるか分かりませんが、修復費が集まるまで預かって頂く事になっていました。しかし、三日で返しに来られたのです。

理由をお聞きしますと、大黒様を預かった日から、急に仏壇屋さんが忙しくなったそうです。それが三日も続けてお客さんが絶えなかったので、これはもしかすると大黒様のお陰ではないかと、少し怖くなって返しに来られたと言われるのです。

そして、売り上げの一部をご寄付下さいました。

お寺に帰って来られた大黒様を本堂に安置し、私は再びこうお伝えしました。

「大黒様、痛みが激しいので、少し急いで修復費を集められた方が良いのではと思いますが」

そんな話をした翌日のことです。お寺にお会いしたことのない小学二年生の男の子と、そのお母さんがお越しになりました。

ご用件をお聞きしますと「仏さまにご寄付をしたい」とおっしゃるのです。

「丁度、大黒様の修復費をお願いしております。ご寄付頂きましたら、一年の間、ご多幸のあるように、ご祈願をさせて頂きます」とお伝えしました。

すると、是非、寄付をさせてくださいと言ってくださいました。そして、陶器製の大きな豚の貯金箱を出されたのですが、「この貯金箱を割る前に、一つお願いがあります」と深刻なお顔で言われました。

寄付をする名前を息子さんの名前だけにして欲しいとおっしゃるのです。

私が理由を尋ねますと、母子家庭で、いつも寂しい思いをさせているので、良いことがあるようにそうして欲しいと言われます。

私は、お子様だけでなく、お二人のお名前でご祈願させて頂きますので大丈夫ですよとお話ししました。しかし、お母さまは、頑なに息子の名前のみでお願いしますとおっしゃいます。何度もお二人の名前でと言いましたが、息子の名前だけでお願いしますと押し問答の末、渋々了承いたしました。

息子さんのお名前を紙に書いていただき、本堂で貯金箱を割りました。中からは、五百円玉ばかりがたくさん出て来ました。数えると、丁度十万円ありました。

私は、母子家庭で、お金にも余裕がないというお話を聞いていましたので、このお金は、お気持ちだけ頂いて、お返ししますと言いました。

しかし、全額息子さんの名前で寄付しますと言って頑なに譲られないので、ご寄付をいただくことにしました。

私は大黒様に「何処かでお金は返してあげて下さいね」とお願いしました。そして親子に「近くに宝くじ屋さんが出来ましたので、帰りに寄って頂くと当たるかも知れませんよ」と冗談交じりにお話ししました。

お帰りになられて一時間ほどすると、再び親子がお寺にお戻りになられました。忘れ物でもあったのかと出てみると、お母さまが片手に何やら紙をお持ちでした。その紙はスクラッチという宝くじで、それが十万円当たったとおっしゃるのです。

「どうやら大黒様がご寄付分をそのままお返しになられたのでしょう」

私がそう伝えると、嬉しそうに帰って行かれました。

それから数日後、再び親子がお寺に来られました。そこで衝撃のお話をお聞きしたのです。

「実はあの日、小学二年生の息子を殺し、その後自分も死ぬつもりでした」

お母さんは涙ながらにそう話してくださいました。

母子家庭で生活が苦しく、最初にお寺に来られた日、寄付が済んだら無理心中をするつもりだったようです。

息子の名前で寄付がしたいとおっしゃったのは、母親に殺された息子が、どうか成仏するようにとの願いを込めたからでした。そして、蓮久寺を選ばれた理由は、たまたま前を通った時、瓦が落ちかけで、潰れそうに見えたので、ここなら飛び込みでも寄付を受け取ってくれそうだと感じたからだそうです。

「しかし、奇跡が起きたんです」

興奮気味に、手を合わせながらお話しくださいました。

お寺の帰りに買った宝くじが当たっていたので、無理心中を先に延ばし、次の日に銀行へ換金に行かれたそうです。そして十万円が手元に戻ってきましたが、これだけでは生活は成り立ちません。折角、大黒様がお返しくださったお金ですが、今日は息子と贅沢な食事をしようと、いつか行きたいと思っていた高級料理屋さんへと行かれました。しかし、その日はたまたま臨時休業だったのです。

楽しみにされていた息子さんに、明日来ようねと約束して、その日は帰宅の途につかれたそうです。

帰宅途中、たまたま通りかかった、競馬のチケットを売っている場所が、凄く気になり、今まで一度も競馬なんてしたことがないのに、何故かその日は、ふらふらと中に入って行かれました。

そして、近くの人に教えてもらいながら、一つの番号を選び、十万円分の馬券を購入されました。その時、ふっと我に返って、明日、息子と食事に行く約束をしたのにと後悔されたそうです。

訳が分からないままレースは始まり、大歓声と共に終わりました。そして換金に行くと、なんと万馬券という当たり方で、一千万円もの大金を手にされたとおっしゃるのです。

今回は、大黒様にお礼にと、息子さんと二人の名前で、そのお金の一部をご寄付くださいました。現在はそのお金を元手に、商売を始められて、安定した収入を持たれています。

このような事が、他にも複数あって、大黒様は、次から次へとご寄付を集められ、わずか二ヶ月ほどで修復費を集められました。

そして修復後、綺麗になられた大黒様が、仏壇屋さんから帰ってこられました。見違える程綺麗になられた大黒様ですが、厨子（仏像を安置する観音開きの入れ物）がありません。そこで、私は
「大黒様、今度は大黒様のお入りになる家を建てられてはどうですか」

とお話ししました。その翌日のことです。大黒様を修復してくださった仏壇屋さ

んがお見えになりました。そして、こんな事をおっしゃったのです。

「あるお寺さんに頼まれてお釈迦さまの厨子を作りました。ところが出来上がると、不思議なことに、お釈迦さまの身長が伸びていて、厨子に入らなかったのです。そこでふと気が付いたのですが、その厨子が赤い色の物なので、もしかしたら赤門の蓮久寺の大黒様が欲しがっておられるのではないかとお持ちしました」

もし、この厨子に大黒様がぴったりサイズが合えば寄進しますとお約束くださったので、大黒様をお入れすると、ぴったりサイズだったのです。大黒様は見る見るうちに家までも手に入れられたのでした。

そこで思い出したのですが、夢の中では出て行かれたままになっていますので、私は大黒様に、

「お帰りになっておられるのは分かっていますが、せめて〝ただいま〟と挨拶くらいはいただきたいものです」

と言いました。

翌日、知り合いの解体業者さんがお越しになり、解体中の建物に神様が飾られていたのでお経をあげてから処分をして欲しいと持って来られました。

陶器で出来たその神様は七福神様でした。しかし、布袋様と大黒様の二体は割れており、正確には五福神様です。

「本堂の前に置いておいてください」というと、解体業者さんは置いて帰られました。

帰られた後、本堂の扉を開けたまま、七福神様に、お経を挙げていました。挙げ終わるとたまたま、石材屋さんが御用聞きに来られました。

そこで、七福神様の処分をお願いしました。壊れている二体はそのまま持って帰ってくださったのですが、後の五体は明日トラックで回収に来ますと帰って行かれました。

次の日の朝、石材屋さんがトラックで来られました。持って帰ってくださるのかと思ってみていると、突然大きな石を降ろし始められました。

私は何が始まったのかと不思議に思いながら見ていると、あっという間に石の台が出来上がりました。見事な手際だなと感心していて、はっと我に返りました。

「石材屋さん、一体この台は何ですか」

「え、昨日、住職様が神様を置くから台を作るように言われましたよね」

しかし、私は絶対に言っていません。言うはずがないんです。何故ならそんなお金はお寺にないからです。

石材屋さんは聞き間違えをしたのかなと言いながら、出来上がった台に、五体の福の神様を並べられました。

「おかしいなあ、ちゃんと計ったつもりだったのになあ」

石材屋さんは首を傾げながらそうつぶやかれました。

どうしたのか尋ねますと、台が少し大きめに出来てしまい、五体の間が広くなりすぎるとのことでした。

どうしたものかと話していると、そこに知らない方が来られました。

その方は近くで民家を解体しておられた解体業者さんでした。どうされたのかとお聞きすると、民家を解体していると、庭先から神様の置物が出て来たので、お経を挙げて処分して貰えませんかと尋ねてこられたのです。見ると、布袋様と大黒様でした。

それを見た石材屋さんは、丁度良かったと、台の上に乗せられました。すると綺麗に七福神様が台の上にぴったりと並ばれたのです。台はお寺に寄進しますと言って、帰って行かれました。

もしかするとこれは、大黒様が「ただいま、仲間を連れて帰って来たで」と私に伝えてくださったのだと思いました。

それから丁度十年が経った、去年のお正月の事です。

お寺の建物が、近年の地震や台風の影響で、かなり痛んで来ました。そろそろ立て直さないといけなくなってきたのです。

一応、知り合いの建築業者さんに見積もりをお願いしました。すると、約一億八千万円がかかるとの事でした。

「蓮久寺のお檀家さんや、私の稼ぎなどでは到底無理な金額です」

そう本堂で仏さまや大黒様に、見積書を見せながら言いました。

その日の夜の出来事です。

「おーい、おーーい」

どこからか聞き覚えのある声がしてきました。見ると、頭上に長細い乗り物が見えました。良く見ると、大きな船でした。そしてその穂先には、大黒様がおられたのです。その後ろには、七福神様が揃って乗っておられました。

「おーい、大雲、元気にしているか」

と私に話しかけて来られました。

「はい、元気にしていますが、お寺の建て替えの予定が……」

と私が話をしているのを遮って話し始められました。

「大雲、バラや、バラを買ってきてくれ」

そう言うと船で何処かに消えて行かれました。

気が付くと布団の上に正座をしていたのです。翌日、私は昨夜言われたバラを買いに行きました。

「すみません、バラをください」

私は精肉屋さんに行ったのです。すると精肉屋さんの方が
「住職、お正月にお肉食べるんですか」

と聞いてこられました。

「私じゃないんです。大黒様に頼まれまして」

とお話しすると、それは宝くじのことではないかとおっしゃいました。私は宝くじを買ったことがありませんでした。ですので〝バラ〟があると言うことを知らなかったのです。

考えて見れば、神様がお正月からバラ肉を食べられるはずがありません。そこで私は宝くじ屋さんに行きました。

「すみません、バラという物がありますか」

「はい、どのくらい買われますか」と聞かれました。

「それでは二百グラム下さい」と言うと、笑いながら「十枚綴りですよ」と教えてくださいました。恥ずかしいと思いながらもなんとか十枚買う事が出来ました。その宝くじの絵は、たまたま七福神様でした。

それから数ヶ月が経って、私は宝くじの事を忘れていました。

すっかり忘れていた頃、再び夢に大黒様が出て来てくださいました。

「おい大雲、お金の木は熟したから、早よ取りに行きなさい」

相変わらず関西弁の大黒様は、そう言って消えて行かれました。

朝になって、何のことかと考えていて、宝くじの事を思い出したのです。そして、換金に行きますと、一等の一億五千万円が当たっていました。

お寺に帰って、仏様や大黒様にお礼を言いました。しかし、立て直しにはあと三千万円足りません。

「残りは自分で頑張りなさい」ということでしょう。

私は、僧侶でありながら、なぜ怪談話をするのかといいますと、亡くなった方が、死後も存在し続けるということは、仏様や神様も当然おられるということだとお伝えしたくてこのような話をしております。

今現在、何かに苦しんでおられる方や、この先何かで苦しむ方もおられると思います。しかし、人生を投げ出さずに生きてください。

ひとりぼっちと思っていても、仏さまが一緒です。子供が無心に遊んでいても、親が遠くで見守るように。

AI音声認識

それは、横断歩道で信号待ちをしている時のことでした。隣に立っていた若い男性が、突然笑い始めたのです。そして何かを話し始めました。

私が驚いてその男性を見てみると、耳にイヤホンがありました。そうです、携帯電話で話されていたのです。

まるで何者かと交信でもされているのかと心配しましたが、そうではありませんでした。

考えてみれば、私が若い頃には、携帯電話などありませんでした。携帯電話が出始めた頃も、最初は肩から下げる形の物で、今と比べて大変大きな物でした。

それがいつしかポケットに入るサイズにまでなり、イヤホンさえしていれば会話が出来るまでになりました。一体、人類の科学力はどこまでいくのかと想像もつきません。

実は先日、科学の発展に驚かされた事がありました。それは、知り合いのコンピューター関連会社の社長様宅に招かれた時のことです。

この方は中国ご出身の方で、普段は中国で仕事をされています。しかし、今回、日本に新しい家を建てられたとの事で、ご招待いただきました。

この家は、日本滞在中に宿泊する為だけではなく、最新のＡＩプログラムの実験の為でもあるというのです。

私がこのお宅にお招きいただいたのは、夜の七時を過ぎた頃でした。

社長様の家の前に着くと、私はインターフォンを押そうとボタンを探してみました。しかし、インターフォンが一向に見つかりません。

そこで、玄関前から携帯電話で電話をしようとしたその時でした。機械的な音声で「どちら様でしょうか」と聞こえてきたのです。

声の出所は分かりませんでしたが、私が「三木大雲と申します」と答えると「お待ちしておりました。どうぞお入りください」と、玄関の扉が自動的に開いたのです。

さすが、ＡＩプログラムの会社の社長様だけあって、この家はＡＩ機能が組み込まれた家なのだと察しました。

私が履物を脱いで玄関に上がると「いらっしゃいませ。どうぞ右の応接間にお進みください」と部屋まで案内もしてくれます。

言われた通り、応接間の方に進むと自動的に応接間の扉が開き、その部屋のソファーに社長様が座っておられました。

「三木さんお待ちしていましたよ。どうですこの家。すごいでしょ」

社長様は自慢げに私に話しかけてこられました。

私がソファーに腰をかけますと、再びどこかからこんな声が聞こえてきました。

「お客様、コーヒーなどいかがですか」と言われたのです。

「それではお願いします」と私が答えますと、ホットかアイスか、砂糖は入れるか、ミルクは入れるかと、立て続けに質問されました。

社長様のお話では、これでコーヒーを自動で作ってくれるというのです。そして、今の質問は記憶され、三木大雲という人の飲み物の好みを学習していくのだそうです。

「もしかして、出来上がったコーヒーを運んでくるのはロボットですか」

私がお聞きすると、さすがにそこまではまだ難しいらしく、社長様自ら取りに行ってくださいました。

二人でコーヒーを飲みながら、この家の機能の説明を色々とお聞きしていました。基本的にボタンを押して何かをすることはなく、家の名前を呼んで、して欲しい事を言えば、その通りにしてくれるというシステムです。

例えば、「クーラーを付けて」「電気を消して」などというように、声で全てが管理できるようになっていました。そして驚くべきことに「今この家には何人の人がいる？」と聞くと「応接間に二人です」と答えるのです。

これは人感センサーが家中にあって、その人の体温や顔認証システムなどで確認をしているのだそうです。

私がこれら最新の機能に驚いていますと、社長様がこんなことを言われたのです。

「三木住職は以前私に、霊感はいつか科学で証明されるとおっしゃってましたよね」

私は常々、霊的現象や、魂の存在などは、このまま科学が進めば、その存在を確認できると言っております。

「もちろん、科学的に証明される日は来ると思っています。ただ、それがいつ頃になるかは分かりませんけどね」

そう答えました。

すると社長様が、その日が近いかも知れないとおっしゃるのです。

「それは、どういう意味ですか」

「実は本日、三木さんに来ていただいたのは、一つの実験の為でもあるんです」

私は、意味が理解できずに首をひねりました。

しかし、「間もなく分かりますので、しばらくお付き合いください」と言われるだけでした。

そのまま応接間で話をしていましたら、ほんの少しだけ部屋のライトが暗くなったように感じました。

そしてすぐに「間もなく九時です」という音声が流れました。

あまり遅くまでお邪魔するのも悪いと思い、私が「それでは今日は帰りましょうか」と言いますと「まだ三木さんにはいていただきたいのです」とおっしゃいます。

すると社長様は、私に寝室に来て欲しいとおっしゃいました。案内された寝室に向かうと、電気が段々と暗くなってきたのです。「いつもはこのまま就寝するんです」そう社長様がおっしゃいました。

私がいったい何が起こるのかと尋ねようと思ったその時です。

突然家の音声システムが作動し出しました。

「いらっしゃいませ」機械の音声が家中に響きました。

「誰か来られたのですか」とお聞きすると、社長様は登録した人以外は入れないはずなのですとおっしゃるのです。にもかかわらず、しばらくすると再び「いらっしゃいませ」と音声が流れます。

その声がする度に、玄関の扉が開閉する音が聞こえます。

「いらっしゃいませ」「いらっしゃいませ」「いらっしゃいませ」

無機質な機械音声が流れるのです。

そして数分後、ピタリと音声が静かになりました。

「社長様、これはいったいどういうことですか」

「実は三木さんにお越しいただいた目的は、これなんです」と、ここからある実験をしたいとおっしゃるのです。そして社長様は、家に向かってこう質問されました。

「この家には何人の人がいる？」

すると家から驚くべき答えが返って来ました。

「二十二人おられます」

感情のこもっていないような音声の答えに私は少し恐怖を感じました。それを気にしない様子の社長様は、続けて質問をされました。

「その二十二人はどこにいるの？」

答えは即答でした。

「寝室におられます」

社長様は私の方を見ながら、少し微笑むとこう切り出されました。

「三木さん、これはシステムの誤作動なのか、霊を認知しているのか、それを知るために今からお経を挙げて下さい」とおっしゃるのです。

つまり、もし霊の人数を数えているのならば、私がお経を読んだ後にこの家にいる人の人数が、二人になっていないといけないはずだというのです。もし読経後も人数が変わらないようであれば、システムを再構築しますとのことでした。

私は、読経を始めました。読経すること十五分、私は社長様に人数の確認をお願いしました。社長様も緊張した面持ちで質問されました。

「今、この家には何人の人がいる？」私は固唾を飲んで答えを待ちました。数秒後、答えは再び無機質な音声でこう答えました。

「この家には、二人おられます」

私は面目躍如と安堵しまして、社長様宅から帰宅いたしました。

この実験は、ある意味で私とコンピューターの信憑性を問われるものでした。近い将来、霊の存在を検知するシステムが確立されるかもしれません。

もしかすると、携帯電話にもこの機能が付くかも知れません。いや、もしかしたら既に付いているのかも知れません。といいますのも、時折、何も言っていないのに、私の携帯電話が反応し「ご用はなんでしょう」と聞いてくることがあります。

あれは私に対してではなく、霊と会話をしているのかもしれませんね。

既視感

「昨日は有り難う御座いました。ご馳走にまでなってすみません。次は私が奢ります」

ある日、ＳＮＳを通して、こんなメッセージをいただきました。

しかしながら、このメッセージの送り主の方を直接には知りません。直接知らないとは、ＳＮＳ上では繋がっているのですが、お会いしたことはないという意味です。しかも、ＳＮＳ上では、この方が男性か女性かも分からない状態でした。

これは送り主を間違われたのだと思い、すぐにメッセージを返しました。

「先ほどメッセージをいただきましたが、送り先をお間違えのようです」

すると、すぐに返信が来ました。

「え？　三木大雲ご住職ですよね。昨日、○○のショッピングモールで珈琲をご馳走になった○○です」と返ってきたのです。

私は相手の方がおっしゃるショッピングモールには一度も行った事がありませんでした。更には、昨日はお寺から一歩も外出していなかったのです。

時々、このような悪戯メッセージを頂くことがありますので、返信をしないでそのままにしておきました。

それから数日後、お寺に一人の中年男性がお越しになられました。

「先日はありがとうございました」そう言われるのですが、どなたか分かりませんでした。私が返答に困っている様子を察してか、SNS上でメッセージをした者ですと言われるのです。その男性は、お礼の手土産まで持参しておられ、単なる嘘や間違えではないと感じました。

私は男性をお寺に招き入れると、私と会った日の事を詳しく教えて下さいとお願いしました。

「〇月〇日、場所は〇〇ショッピングモールのカフェで、時間はお昼頃でした」

男性はそうおっしゃるのですが、そんな事は断じてありません。なぜなら、その日は一日中、お寺で御札を書いていたからです。

私と会ったと話される男性は、その日、ショッピングモールに買い物に行かれていたそうです。買い物を終えた男性は、一休みしてから帰ろうと、モール内にあるカフェに入られました。するとそこに、私が居たとおっしゃるのです。

男性は私のことを以前からテレビなどで知って下さっていたようで「いつもテレビで拝見してます」と声を掛けられました。

するとと私らしき人物は、嬉しそうに、良かったら一緒にコーヒーを飲みましょうと誘ってきたというのです。

男性も私とゆっくり話が出来る機会が出来たと一緒のテーブルにつかれたそうです。

そこで私らしき人物は「来月の○日に東京に仕事で行くんです」とか「現在、こんな原稿を書いているんです」とか、私しか知りえない内容を語ったというのです。

実際、私らしき人物が語った内容は、事実と間違いなく一致しておりました。

もしかしたら私の記憶がおかしくなったのかとさえ思えましたが、それも絶対にあり得ません。

男性は、その他にもこんな話を聞きましたと、驚くような話をされました。

それは、未来の日本の話や、人類の話でした。
○年には、日本でこんな事が起こり、世界ではこんな事があり、○年にはこうなりますよと、まるで予言の様な話をしたと言います。
私はこの話を疑う事が出来ませんでした。予言めいた部分は別としても、来月のスケジュールや書きかけの原稿内容までもが一致していたからです。

その後、私らしき人物は先に席を立ち、お店を出たそうです。その際に二人分の会計を済ませていたようです。

男性は、私がいくらお断りしても、お礼の手土産を置いてお帰りになりました。

それから数日して、私は一人で男性が私と出会ったといわれるショッピングモールに実際に行ってみることにしました。

ショッピングモールに向かう道中も初めて通る道ですし、建物も見た記憶は全くありませんでした。

そして、男性のおっしゃっておられたカフェに向かいました。カフェのある階に着くと、私は不思議な感覚に陥りました。それは、「既視感」です。

初めて訪れた場所、体験のはずなのに、二度目のように感じる事があります。これを既視感と呼びます。フランス語では〝デジャブ〟と言います。

初めて来たにもかかわらず、カフェのある階に着いた途端、カフェはこっちだと分かったのです。

そして、そちらに行くと本屋さん、そこを通り過ぎると服屋さんというように、初めて来たとは思えない感覚に囚われたのです。

私はこの「既視感」が、現実と一致しているのか実際に歩いてみると、そこには本屋さんや服屋さん、最後にはカフェまで辿り着いたのです。

ここまで来ると不思議と言うよりも恐怖さえ感じました。気持ちを落ち着かせるために、私はカフェに入りました。

すると、一人の男性が入ってこられたのです。私は驚いて声が出そうになりました。

その男性は、先日お寺に来られた方だったのです。

私は思わず声をかけようと近づきました。すると男性は私の顔を見るなりこうおっしゃいました。

「あ、もしかして三木大雲住職ですか。私ファンなんです」と。

私は握手を求められ、それに応じました。しかし男性は、私とは初めて会ったかのようなご様子でした。

「前に見たことがある」そう感じた時、もしかすると、それはもう一人の自分が経験していた事なのかも知れません。

その逆に「未視感」という言葉があります。フランス語で〝ジャメブ〟というそうですが、以前に経験したことを未だしていないと感じることだそうです。

この一連の奇妙な経験は、今まで誰にも話をしたことがありませんでした。

しかし、本書に記しましたのは、男性からお聞きした予言内容が、少し当たり始めたからです。

あおり運転

人間の生活は、年々便利になっています。

私が住職をさせていただいております蓮久寺は、江戸時代からあります。その頃の住職さんは、テレビやラジオ、車や飛行機、携帯電話など想像もつかなかったでしょう。

人間の生活が便利になっていくのは良いのですが、その反面、問題も多く出てきています。

例えば、車ですが、大変便利な反面、思いもよらぬ事故も起こります。予期せぬ事故というものは付きものなのかも知れません。

私の知り合いの徳原さんが、ある時事故に遭われました。私はすぐにお見舞いに行かせていただきました。これは、その病院でお聞きした不思議なお話です。

徳原さんは、農家を営まれておられます。以前、私に「農家はいいですよ。心地よい風の中で、土のにおいに囲まれながら、ゆっくりとした時間の中で過ごせるんです。自然のありがたさや、人間の小ささを感じられる仕事なんですよ」そう教えてくださいました。

徳原さんは普段から自然に囲まれた環境でお仕事をされているせいか、大変穏やかな性格で、いつも笑顔で、イライラした顔や怒った所など想像もつかない方です。

そんな徳原さんが、車でカーブを曲がりきれず、ガードレールを破って、崖下に落ちたというのです。

ご本人のお話では、カーブでスピードを出し過ぎましたとおっしゃいます。

よくよくお話をお聞きすると、実は徳原さんには、もう一つの顔があったのです。

それは、車のハンドルを握ると、穏やかな性格は一変し、スピードをかなり出されるそうなのです。

家族の方からも注意を受けておられ、自分でも良くその事を分かっていながら、気が付くとスピードを出しているとのことでした。

そんな徳原さんが、深夜、ある山道を走行されていると、前にゆっくり走る車があったそうです。

その道は曲がりくねった山道だけに、制限速度自体が三十キロと低速に定められていました。スピードメーターを見ると、制限速度よりは少し出ていましたが、それでも自分にとっては遅いと感じたほどです。

センターラインは黄色で、追い越し禁止になっていますので追い越す事も出来ません。だから、前の車に向かって、ライトでパッシングを始めました。

私はこのお話を穏やかに話される徳原さんのお顔や口調とのギャップに底知れぬ人間の恐ろしさを感じました。しかし、淡々と徳原さんは話し続けます。

イライラが募ってきたので、クラクションを鳴らしながら、あおり運転を始めました。

それでも前の車はスピードを上げずにそのまま走っていたので、その変化のない運転に、さらに腹が立ちました。

徳原さんは変化のない運転と言われますが、端に寄ったり、道を譲ったり出来ない道路で、どうすれば納得がいかれたのかと私はお聞きしましたが、恥ずかしそうに顔を赤らめるだけで、納得のいく答えは返ってきませんでした。

それからも徳原さんは、その車の真後ろにぴったりと車間距離を詰めて走っておられたそうです。その状態で走り続け、やがて前の車に変化が表れたというのです。

前の車は山道を下り始めて間もなく、突然スピードを上げ始めました。下り道なのでスピードが出やすくなったのかも知れないと思いながらも、ぴったりと後を走っていました。ところが、前の車は、僕でも追いつけないくらいのスピードでカーブを曲がり、先に行ってしまいました。先ほどまでの運転は何だったんだと、驚きよりも腹立たしい気持ちになってしまい、もう我を失ってしまいました。

そこから、前方に消えた車を追いかけるように、スピードを更に上げましたがそれでも前方の車のテールランプは一向に見えませんでした。

かなりのスピードで走って行ったのだなと、驚いていると突然前方の路上に、黒い大きな影が見えました。近づいてみると、それは先ほどまで前を走っていた車で、道の真ん中に停車していたんです。僕の車がゆっくり近づくと、その車のテールランプが点灯し、勢いよく走り出しました。「確実に挑発されている」そう感じたので、思い切りアクセルを踏み込んで後を追いかけ始めました。

この山道は毎日のように通っている慣れた道だったので、かなりのスピードを出しても大丈夫だという自信があったのです。

僕がその車に追いつきそうになると、さらにスピードを上げて離され、その先で僕が来るのを停まって待つという繰り返しでした。どうにか追いついてやろうと、再びアクセルを強く踏んだところ、なんとか追いつき、再び僕があおるような形になりました。必死で前の車にくっついて走っていたその時、

「ヴァーーン」

突然大きなエンジン音が聞こえました。その瞬間、車内に置いていた鞄や帽子が宙に浮き、体はまるで下りエレベーターに乗っている様な感覚に襲われ、気が付くと「ガシャーン」と大きな音と共に崖下に落ちていました。カーブを曲がりきれずに車ごと崖下に落ちたのだとすぐに理解できました。

しかしその時、フロントガラス越しに見える空に、不思議な光景を見たのです。今まで前方を走っていた車が、宙に浮いていたのです。今でもはっきりとその車の下の部分のシャフトらしき物が見えたのを覚えています。

そして、宙に浮いた車から一人の男性が出て来て、ピョンと道路側にジャンプをし、破れたガードレールからこちらを見下ろしていたのです。

その男性と目が合った瞬間、男性は小さくなり、四つん這いになって、崖を降りてきました。

僕はとてつもない恐怖に駆られましたが、あまりに突然のことに動くことも出来ずにいると、車の周りでガサガサという音が聞こえたあとに、「キューン、キューン」という鳥が鳴いているような声が聞こえてきました。

車のハンドルと座席の間に足をはさまれ自力では脱出できそうになかったので、その声を聞きながらもしかするとここで死ぬのかも知れない、そんな事を思っていると、崖の上の方から「おーい、大丈夫か」という声がしたのです。そこで力の限り「助けてください」と叫び、病院に運ばれました。

徳原さんは、この話をし終えると「本当に情けない。本当に申し訳ない」と何度もおっしゃいました。

徳原さんが事故を起こされた山道には、実はこんな言い伝えがありました。その山には、山を守る狸がいて、山を汚す者に罰を与えるというものです。

徳原さんは、若い頃にこの山道で子供の狸を撥ねたことがあったそうです。突然飛び出してきたのは狸の方だと、その時はあまり反省をしなかったと言います。そして、こんな年になってもまだ反省がない事を怒った山の狸が、罰を与えに来たに違いないとおっしゃいました。

そして、あんな深夜に人が助けに来られたのにもこんな理由がありました。近くの民家の方々は、狸が大勢で鳴く夜は、誰かが山の罰を受けた時なので、助けに出たと教えて下さったそうです。あの崖下で聞いた「キューン、キューン」という鳴き声は、狸のものだったのです。

徳原さんは、自分の中に住む鬼をあの山の狸さんが追い出してくれたと涙を流しておられました。

あおり運転や、酒気帯び運転、危険運転などは、運転手の意識の問題です。便利ではあるものの使い方一つで凶器になってしまうのは言うまでもないでしょう。人間の怖いところは、この事を理解しているにも拘らず、ハンドルを持つと性格が変わってしまう人がいるということです。

人間は穏やかに生きることが、良き人間関係や良き社会を作り、幸福な生活を招くものだと思います。それが分かっていても、実行できないのが人間の業なのかも知れません。

~欲~

徳川家康公が「滅びる原因は、内にあり」という言葉を残されています。

家臣達に、油断、贅沢、不和、裏切りなど、内なる敵が一番怖いのであると教えられたそうです。

家臣に守らせるだけではなく、家康公ご自身も、倹約に努められたのは有名な話です。

さて、現代に生きる私たちと、天下を治められた家康公の生活とを比べてみると、断然私たちの方が贅沢だと言えるのではないでしょうか。

戦国時代の天下人といえど、夏にはクーラーなどありませんでした。少し外出をしようと思うと、歩きか、せいぜい駕籠《かご》に乗っての移動だったでしょう。

人間は快適な生活を目指して、色々な物を開発してきました。

しかし、それに伴って人間は、更に慢心をし、欲が大きくなってきたように思うのです。

例えば、車であれば、普通に走っているだけなら問題ありませんが、スピードが出せる性能があるのだからと、更にスピードを上げて事故を起こします。

インターネットなども、世界中の人と話せたり、色々な情報を家に居て調べることが出来ます。これも大変便利で、今ではなくてはならない物です。

しかし、こちらも人間の怒りや愚痴など、悪口や批判ばかりが多く書かれていたりします。

折角、便利な物を開発しても、人間の心も変化に対応しなければ、素晴らしい世界は築けません。

「足るを知る」という言葉がありますが、今に満足できなければ、永遠に満足を知る事は出来ないでしょう。

それに、何事にも感謝が出来なくてはいけないと思います。

欲にまみれてしまっている方は「自分はしっかりしているが、周りの人間が駄目な人ばかりだ」とおっしゃいます。

感謝の心で暮らしておられる方は「自分は情けない人間なのですが、周りの人が良い人ばかりで助けて頂いております」とおっしゃいます。

この先、どんな時代が来たとしても、慢心を捨てて、感謝の心で生きることが、私たちの幸福の一歩となるのです。

第二章

嘘

嘘も方便という言葉があります。

嘘と方便とは一体どのような違いがあるのでしょうか。

法華経というお経の中に、方便品という章があります。その章では、今までの教えは方便で、これから真実の教えを説きますと書かれています。法華経以前に説かれた教えは、お釈迦さまの方便であったと言うことです。

さて、では何故方便を説かれたのでしょうか。それは、知識や知恵の未熟な人間に対して、たとえ話で分かりやすく、真理に近づける為です。お釈迦さまの方便は、智慧の浅い人間の為なのです。

一方、嘘というものは、どういうものでしょう。

嘘をつく目的は、他人を騙す為であったり、自分の失敗を隠す為であったり、カッコを付けるためであったりと、すべて自分の欲や利益の為なのです。

自分の為だけに嘘をつくのは、大変虚しい事です。

虚しい事が口から出ると、嘘という字になります。嘘ばかりつく人生は、虚しい人生になってしまいます。

さて、そんな嘘に取りつかれた方々の体験談をお話ししましょう。

短刀

お寺には、曰く付きの物をお持ちになられる方がおられます。曰く付きの物とは、何かこみ入った事情や複雑ないきさつがある物の事です。例えば、髪の毛の伸びる人形や、持っていると不幸な事が起きる双眼鏡など色々とあります。

時には、処分に困った人形などを勝手に送ってこられたり、置いて帰られることもあって困ることもあります。

他にもこんなことがありました。驚いたのは、朝、本堂の扉を開けますと、そこに一つの段ボール箱がありました。箱の外には何も書いてありません。蓋はガムテープでしっかりと留めてありました。

私がそのガムテープを剝がして中を見ますと、一枚のメモ用紙が入っていました。そのメモには〝十年以上可愛がっていました。後はお願いします〟と書いてありました。

段ボールの中には、幾つかのナイロン袋が入っており、その中には、猫の遺体が入っていたのです。それも一体だけではありませんでした。

どういう理由でこうなったのか、メモに書いてあることは本当かなど、いくつもの疑問が湧きましたが確認する術もありません。

こういった事があってから、お寺には数台の監視カメラを設置するようになりました。

そんなある日の朝、本堂の前に新聞紙に巻かれた何かが置いてありました。長さは一メートルほどの物で、持ち上げるとずっしりとした重量がありました。新聞紙の包みを取ると、中から出て来たのは立派な刀でした。それ以外はメモすらもありません。

何か曰くがあるものなのかどうかは分かりませんが、とりあえず、お経を挙げることにしました。

すると、読経中にカチンという堅い音が本堂に響きました。お経を挙げ終えて刀を見ますと、鞘から刀身が少し見えていました。どういう理由か、自然と鞘から刀が抜けていたのです。

次の日、警察に届けを出し、刀に詳しい方に見ていただきました。すると、この刀が軍刀であることが判明しました。どうやら第二次世界大戦中に使用されていた物のようです。

警察との話し合いや書類を交わした後、お寺で一旦保管することになりました。

私のお寺には、北辰妙見大菩薩《ほくしんみょうけん》という菩薩様が安置されています。この妙見様は、悪い運気を刀で切り裂いてくださる菩薩様で、そのお姿は、甲冑姿に刀を振り上げておられます。年に一度、妙見様の祭事がありますので、その日にこの刀も毎年綺麗にお飾りさせていただく事にしました。

ある時、とあるテレビ局が取材に来られた際に、少しだけこの刀を撮影されました。持ち主が不明であることなどが少しですが放映されたのです。

すると、数日後、テレビを見たという方からお電話をいただきました。

「あの刀は私の祖父の物です。祖父が勝手にお寺に置きに行ってしまいました。取りに行きますので返して下さい」

とおっしゃるのです。

しかし、このお電話を簡単に信用することは出来ません。といいますのも、ほとんど同じ内容のお電話を数本いただいていたからです。

どの方も非通知で電話をかけてこられ、あの刀は自分のものであるとおっしゃるのです。私はこの内の数人の方とお会いしました。

「刀を持ってこられたのはどなたですか」

私は最初にこの質問をしました。

ある方は「自分のお爺さんで、年は八十歳です」またある男性の方は「自分が間違って置いて帰った」とおっしゃいました。

「刀は何かに入れて置かれましたか」とお聞きすると皆さん「覚えていません」とおっしゃいます。

「実は防犯カメラに刀を置かれる姿が映っていて、そのお姿と、お聞きした方が一致しませんがどういうことでしょうか」

そう私がお訊ねすると「そうですか。じゃあ結構です」と取りに来られた方は皆さん怒ったように帰って行かれました。

実際に防犯カメラには、一人の女性の姿が映っていました。

ですから、お電話いただいた方々は、全て思い違いをされているか、嘘をついておられたのだと思います。

それから、半年ほどが過ぎた頃、ある女性がお越しになりました。

私はこの女性とお会いした時、以前どこかでお会いした方と思いましたが、女性は「はじめまして」と挨拶されました。

そして、こうおっしゃったのです。

「本当に申し訳ないことをしました。半年ほど前に本堂の前に無断で刀を置いて帰った者です」

そうです。この女性こそ、間違いなくあの防犯カメラに映っていた方でした。しかも、新聞紙に包んで深夜〇時頃に置いたとおっしゃいました。お顔も刀を置かれた時間も、全て一致しました。

「お布施もお渡しせずに、無断で置いて行ってしまい申し訳ありません」

女性は丁寧に謝りにおこしになったのです。

そんな事よりも私が気になったのは、なぜあの刀を置いて行かれたかという事でした。

この女性のお話によりますと、元々あの刀は、女性のお祖父様が戦中にお持ちになっていた物だったそうです。

ある時、女性の夢の中にそのお祖父様が出てこられ、役目を終えた刀を近くのお寺に持って行って欲しいと言われたといいます。深夜に夢から覚めた女性は、あまりにリアルな夢だったので、すぐにお寺に持って行かなくてはいけないと思われ、その日のうちにお寺にお持ちになったとの事でした。

半年が過ぎる頃になって、再びお爺さんが夢に出てこられ、お礼に行くよう言われたので、慌ててお越しになったとお話ししていただきました。

女性は、自分は今までお寺との付き合いがなく、どうしたら良いのかよく分からなかったんですと、恥ずかしそうに謝ってこられました。

確かにお寺との繋がりが薄い方も大勢おられるでしょう。これは仕方がないことだと思います。折角なので、これをご縁にこのお寺の行事にもご参加下さいという事になりました。私は刀の持ち主や経緯が分かり安堵出来たことと、このご縁を結べたことを嬉しく思いました。

するとと女性は帰り際、こんな事をおっしゃいました。

「そう言えば、夢の中でお爺さんが、大切にしていたあの軍刀の死に場所を探してくれてありがとう、そう言っていました。私には意味は分かりませんが、ご住職さまには分かりますか」

もしかするとあの軍刀は、終戦後に主人を亡くし、途方に暮れていたのかも知れません。

生きる意味は見いだせても、死ぬ意味を見いだすことは中々難しい事です。戦中は、お国のためという理由で死を迎える方々がおられました。それは、未来の人達、すなわち私たちのための死であったようにも思います。死というものに意味が見いだせた時代の軍刀は、もしかしたら死に場所を探していたのではないでしょうか。間違っているかも知れませんが、私は女性にそう答えました。

それから一年後、妙見大菩薩様の祭事の時、軍刀を表に出し本堂でお経をあげようとしました。その時、初めて軍刀にお経をあげたときと同じ〝カチン〟という音が聞こえました。見ると刀身が少し出ていました。あの時と同じ現象です。そのままゆっくりと刀を引き抜くと、何と真ん中辺りでポッキリと折れていたのです。もしかすると、あの音は、軍刀の挨拶だったのかも知れません。

軍刀が折れてから数日後のことです。以前お寺に軍刀は自分の物だと言っておられた方が来られました。

その方が「以前、軍刀は自分の物だと言っていたのは嘘でした。許して下さい」と謝ってこられたのです。

詳しくお話をお聞きしますと、数日前に軍刀を脇に差した兵隊の格好をしたお爺さんが夢に出て来られたそうです。

そしてその方が「これはお前の軍刀か」と聞かれるそうなのです。その方は夢の中でも「その軍刀は私の物です」と嘘をつかれたそうです。するとお爺さんは、ゆっくりと軍刀を抜くと、サッと振り下ろされた。驚いた瞬間に目が覚めたということです。

そして気が付くと、胸の辺りに刀で切られたような傷が付いていて、出血していたとおっしゃるのです。これは嘘を付いた為に罰があたったのだ

と、謝罪とご祈禱に来られました。

無事、あの世でお爺さんの元に刀は還ったようです。

その後、他にも自分の軍刀だとお寺に来られた方々は、現在まで謝罪には来られていません。もし、嘘をついておられたとしたら、今頃毎晩、軍刀を持ったお爺さんが夢に出ておられるのかも知れませんね。

怪談師

皆さんは「怪談師」という方々をご存じでしょうか。

読んで字のごとく、怪談話をする人の事を怪談師と呼びます。私なんかも怪談師と呼んでいただくことがあります。

特に職業というわけではありませんので、どなたでも怪談話をするのが好きな方々は、怪談師を名乗れるわけです。

そんな怪談師を名乗っておられる、徳山さんと言う方が、お寺に相談に来られました。

私が相談内容をお尋ねすると、憔悴しきった様子で、こんな話を聞かせてくださいました。

これは、私がAさんから聞いた話です。

Aさんは、大学を卒業してすぐに、運転免許を取られました。運転免許を取得後直ぐに、中古の軽自動車を買って、ドライブに出かけたそうなのです。

助手席には、彼女を乗せて、深夜に出発されました。深夜に出発というので想像がつくかも知れませんが、彼らの向かった先は、とある心霊スポットでした。彼女には、行き先は内緒にしていたそうです。

なぜなら、彼女は昔から少し霊感があり、心霊スポットに行こうと誘ったら、絶対に怖がってついてきてくれないからです。

「どこに連れて行ってくれるの」と目的地に期待を懐く彼女に、夜景の綺麗な場所とだけ伝えて、車は山道を進んでいったそうです。

一時間近く車を走らせて、目的の建物の近くに車を止めました。

Aさんは、彼女の手を引っ張って、心霊スポットの建物に向かって進みました。

ここまで来て、彼女はおかしいと気がついたそうです。

「A君、本当に夜景の綺麗な所に行くの」そう聞かれたAさんは、実は心霊スポットに向かっていることを話しました。

案の定、彼女は怖がって車に戻りたがりましたが、車まで一人で戻るのも怖いと、一緒に目的の建物まで行くことを仕方なく了承したそうです。

ジャリジャリと土の地面を踏む音と、ザーと風で木々が揺れる音に、彼女は嫌な予感がするとAさんに言ったそうですが、Aさんは引き返す気は全くありませんでした。

さらに山道を進み続けると、森の中に、不自然なほどに真っ黒で巨大な影が突然現れました。まるで二人を待ち伏せしていたかのように、何の前触れもなく現れたその〝影〟に驚いてしまい、これが目的の建物だと理解するまでに少し時間がかかったそうです。

真っ黒い人工物は、暗い森の中で、陰影だけが不自然に浮き上がっていました。

暗さに目が慣れ始めると、その影は、どうやら二階建ての一軒家だったように見えましたが、はっきりしません。そして、携帯のライトで一部を照らすと、真っ黒な柱に、真っ黒な壁であることがわかりました。そして焦げ臭い……。

そうです、それは火事を起こして全焼した建物だったんです。その火事で、小さな女の子と、その母親が亡くなったそうですが、それだけでは心霊スポットとは呼ばれません。

実は、出火した時、父親は火の熱さに耐えかねて、二人を助けることなく逃げ出したのです。家からは助けてと叫ぶ二人の声がしていましたが、父親はそのまま助けに行かずに見殺しにしてしまった。その日から、この家では、深夜その親子の叫び声が聞こえる――。

彼女にこの話をして、早く帰ろうと嫌がる彼女の手を強引に引っ張って、建物の中に入っていきました。

家の中は焼け焦げて、もとは何だったのかも分からないものが散乱していましたが、ふと見ると、黒焦げの椅子があり、その上には人形が置いてありました。人形は全く焼けておらず、後から誰かが置いた物だとAさんは思ったそうですが、いきなり彼女はその人形を持ち上げて、嬉しそうにこう言いました。

「かわいいお人形さん。私の友達にしよう」

Aさんは「気味が悪いから捨てろ」と言ったそうですが、彼女はその人形を絶対に離してくれません。

怖くなってきたAさんが、もう帰ろうと彼女の腕を引っ張ったのですが「もう少し居ようよ」と人形を撫でています。

さっきまで怖がっていたのが嘘のように、彼女は建物から出ようとしません。そこでAさんは、先に建物から一人で出れば、怖くなって出てきてくれるだろうと考えて、ひとりで建物から外に出ました。

しかし彼女はついては来ませんでした。まるで自分が置き去りにされたかのようで不安になったAさんは、外から彼女の名前を大きな声で呼びます。

すると中から彼女の叫び声がしてきたのです。

「熱いよ助けて、熱いよ助けて！」

混乱したAさんは「早く出てこい」と更に叫びます。

しかし、彼女から返答はありません。何度か叫んで、ようやく聞こえてきた声は……。

「熱いよ、助けてよ、パパ助けてよ」

女の子の声が聞こえて来たそうです。

やがてその声は「あなた助けて」「パパ早く来て」

それは彼女の声とは明らかに違う小さな女の子の声でした。

全身の震えが止まらなくなったAさんは、そのまま車に走って戻り、彼女を置き去りにして帰宅してしまいました。

その後、彼女は行方不明となり、未だに発見されていません。

そして、Aさんは、毎日の様に、寝ていると金縛りになり「熱い助けて」という火事で亡くなった二人の声が聞こえるようになったそうです。

徳山さんは、話し終えると、お出ししたお茶に口をつけ、再びゆっくりと口を開かれました。

この話をある怪談のイベントで話したんです。すると聞いていた方の中で評判になりました。

そして、怪談師をしているとつきものの質問なのですが「この話、実話ですか」と聞かれました。私は「勿論ですよ」と答えると「怪談師の中でもこんなに怖い実話怪談を持っているって徳山さんは凄いですね」と褒められました。

それからは、聞きに来てくれた人達に「建物のある場所はどこですか」「Aさんは今どうしているんですか」「彼女は今も行方不明なんですか」と沢山聞かれました。私は凄く嬉しくなりました。みんなが怖がってくれることは、怪談師としては凄く嬉しいことなんです。

そして私は、みんなに言いました。

「実は、このAさんっていう人ですが……」

静まりかえった会場で、スポットライトを受けているような良い気分になっていました。

「このAさん、実は私なんです」

そう言いました。すると会場に居た人達は、更に驚いてくれました。

私はこのまま怪談師として有名になれるのではないかと、この時は小躍りして喜びました。

しかし、その数日後のことです。

深夜私が寝ていると、金縛りにかかりました。正直、怪談師を名乗りながら、霊的な経験はこの時が初めてでした。

体は全く動かすことができず、息をするのもやっとといった感じです。苦しい、助けてと心の中で叫びましたが、声にはなりません。

このままどうなるのだろうと思っていると、突然、焦げ臭いにおいがしてきたのです。

そして声がしてきたんです。

「あなた」「パパ」「熱いよ、助けて、助けてーーーー、熱いーーーー」

私は思わず目を閉じようとしました。しかし、閉じることができないのです。瞼すらも金縛りになっていたのです。

徳山さんは、鬼気迫る表情でお話ししてくださいました。そして話し終えると、私にすがるように感想を求めてこられました。

私は、恐らく心霊スポットにおられた母子が、徳山さんに助けを求めてこられたのではないでしょうかと、見解を述べました。

するとと徳山さんは意外なことをおっしゃいました。

「三木住職、そんなはずないんです。だってこの話は嘘の怪談話なんですから」

徳山さんはそう言うと、帰って行かれました。

何故かと問われると答えに困るのですが、私には、この話の全てが嘘だとは思えませんでした。もしかすると、火事のあったとされる家の番地やその時の様子が、やけにリアルに感じられたからかも知れません。

そこで私は、実際にお聞きした火事の現場を調べることにしました。

すると私の予想通り、そこには実際に火事で焼けた家があったのです。しかも、当時のニュースを調べると、その火事では、母子が家に取り残されて亡くなってお られました。

その母子の名字は、徳山さんでした。

ここからは私の想像でしかないのですが、火事の時に逃げ出してしまった父親が、今回お話しに来られた徳山さんご本人だったのかも知れません。

自分の弱さや罪を感じて、真実を告白しようとして、ギリギリでこの話は嘘だと逃げてしまわれたのかも知れません。

人間は失敗をすることがあります。時には罪を犯してしまうこともあるでしょう。過去は変えられませんから、そうなってしまったら仕方がないと思います。

ですが、どんなに大きな失敗や罪を犯したとしても、決して嫌な人間にはなってはいけない。そう私は思うのです。

霊能者

私のお寺には、霊能者や占い師の方が時々ご相談にお越しになられます。そのご相談内容は色々なのですが、今回はその中の一つをご許可いただきましたのでご紹介します。

この方は、女性霊能力者の小野さんという方で、色々な方の人生相談を受けておられました。

そんな中、どうしても解決できない案件があるので、協力して欲しいとお寺にお越しになったのです。

それは、怪奇現象が続くというあるマンションについての事でした。そのマンションにお住まいの方から相談を受けられた小野さんは、早速、現場へと向かい、怪奇現象が起こるというお部屋で小野さん独自のお祓いをされたそうです。

その後、三日ほどして小野さんの元に、再びマンションの方から連絡があり、お祓いの後、怪奇現象が余計に酷くなったと言われたようなのです。

再び小野さんがマンションを訪れると、他のお部屋の住民の方も複数集まっており、小野さんが行ったお祓いの後、怪奇現象が起こるようになったので責任を取って欲しいと次々に言われたとおっしゃいます。

その後、再びお祓いをされたそうですが、一向に怪奇現象は治まらず、それどころか、酷くなる一方だというのです。

そこで、自分だけではどうしようもないので、私にも来て欲しいというご相談でした。

私が同行することは、マンションにお住まいの方々にも許可を得ているとのことでしたので、一緒にマンションに向かいました。

マンションでまず、お住まいの皆様からどの様な怪奇現象が起こっているのかを聞かせていただく事にしました。

最初に小野さんにご相談された三〇四号室の方は、お部屋で人の気配がして、そちらの方を見ると、女性の笑い声が聞こえたのが最初だったといいます。その声を聞いてからは、勝手にテレビが点いたり、電気が消えたりと色々な事が起こっているとの事でした。そこで、小野さんをインターネットで見つけて、連絡をされたそうです。

しかし、小野さんにお祓いをお願いした後、他のお部屋の方々の所でも不思議な現象が相次いで起きているとおっしゃいます。

例えば、あるお部屋では、夜、お風呂に入っていると脱衣所の方で人の気配がして、見ると、曇りガラスの扉に、立っている人影が見えたといいます。

また他のお部屋では、クローゼットを開けた瞬間、中から黒い影が飛び出してきて、影の行った方向を見ると、女性の笑い声が聞こえたというのです。

他にも、部屋の中だけではなくて、マンションの階段でも知らない女性が深夜に立っていたとか、エレベーターに乗っていたが、降りる時に振り返ると居なかったなど、色々なお話を伺いました。

そんなお話をお聞きしている中、ある男性が
「そもそも、小野さんは本当に霊能力者なのか？　お祓い代を返せ」

と、発言されました。すると次々に
「そもそも小野さんには霊能力なんてないよ」

と住民の方々が小野さんを責め始めたのです。

そこで私は、

「小野さんの霊能力がどのような物かは分かりませんが、何とか皆様を助けたいという思いは本物ではありませんか」

と皆様を諭しました。

しかし、ある女性の方だけが
「いや、この人は霊能力なんてないですよ。絶対に霊は見えていないですよ」

と何度もおっしゃいます。

私が小野さんの方を見ると、気まずそうに下を向いておられました。早めにこの場を収めようと、とりあえず私のやり方でご祈禱をしましょうと皆様に声をかけました。

マンションの寄り合い所にあったテーブルにお曼荼羅やお香など、必要な物を並べ終えると、皆様にこれからあげさせていただくお経の意味を説明いたしました。

これから読むお経は、お祓いというものではなく、このマンションに居られる霊に対しての供養のお経ですと説明させて頂き、読経をはじめました。供養のお経を終えて、皆様に私はご挨拶しました。すると小野さんが立ち上がり、こうおっしゃいました。

「皆さん、もう安心してください。先ほど、霊はこのマンションから出て行きました」

すると先ほどの女性が小野さんに向かって

「見えていないくせにお前が言うなよ。霊感なんかないくせにお祓いとかするなよ」

と再び怒り出されました。

私はすぐに「小野さんが見えておられるかどうかは、小野さんにしか分からないことですし、落ち着いてください」と言いました。

すると小野さんが「あ、要らないことを言いましたか。すみません」と私に謝られました。

「いや、私は何も思っていないですよ。こちらの女性が……」と女性の方を見ると薄らと透けておられました。

そして女性は私を見ながら「ね、小野さんには霊感ないでしょ」と微笑むと、笑いながら「供養有り難う御座いました」と頭を下げて消えて行かれました。

その後、マンションの怪奇現象はなくなったそうです。そして、小野さんはこれを最後に霊感相談をお辞めになられました。

地下アイドル

地下アイドルという職業をご存じでしょうか。

アイドルといえば、実際に会う事が難しい高嶺の花というイメージがあります。しかし、地下アイドルと呼ばれる方々は、ファンとの距離が近く、ライブの後などに握手や写真、おしゃべりなどが出来るアイドルです。

そんな地下アイドルをされている娘さんをお持ちのお母さまがお寺に相談事があるとお越しになりました。

「実は最近、娘の様子がおかしいのです」

そう切り出すと娘さんの最近の様子をお話しくださいました。

ここ最近、娘がやたらと奇妙な独り言を言うのです。聞いたこともない低いトーンと乱暴な口調で「わかったから話しかけるな」とか「うるさい、黙っていろ」など、まるで誰かと会話をしている様な雰囲気です。

私が、「誰と話しているの」と声をかけると、途端にいつもの調子に戻って「何も話してなんかいないよ」と不思議そうな顔でこちらを見てきます。


私が娘さんがこうなられた事について、思い当たることはありますかとお聞きしたところ、こんな答えが返って来ました。

「実は娘は、ある男性からのストーカー被害にあっていました」

ある日のライブの帰り際、後を着けられ、自宅を特定されたようなのです。それからというもの、毎日の様に手紙がポストに届くようになったといいます。

その手紙の内容は「結婚しよう」とか「僕一人のアイドルになって欲しい」とか、果てには「僕のものになってくれないなら殺す」などといった過激な内容の物までありました。もちろん、警察にも相談し、家の周辺を重点的に警戒してもらえるようになりました。

そんなことがあっても娘は心を折られることなく、地下アイドルとしての活動を続けていました。

ところが、ある日を境にこの男性がライブに顔を出さないようになったのです。それと同時期に、家への手紙も全くなくなりました。不思議に思っていると、あるファンの方から「あの男性、自殺したみたいですよ」と聞きました。それを聞き、大変不謹慎ながら娘と「良かった」と安心しました。

ただ、その日の夜から、娘の例の独り言が始まったのです。

お母さまは、娘さんが独り言を言い出した原因を自ら命を絶った男性の霊のせいだと確信されていました。そこで、お母さまからこんな提案があったのです。

このまま地下アイドルを続けて行くと、今回と同じような事があると怖いので、三木住職から辞めるように言って欲しいとおっしゃるのです。

親から言うと喧嘩になってもいけません。ですので、第三者である私から言って欲しいとのことでした。

それに今回、お母さまがお寺に来られた事は、内緒にしておいてくださいと言われました。親御さんの頼みを私が代弁したとなれば、親子間で揉めるかも知れないとの理由でした。もちろん、お寺には守秘義務がありますので娘さんには話をしないでおくことにしました。

後日、お母さまから、娘さんに「三木住職のお寺は芸能に御利益があるので、予約を取ったからお参りに行くように」と言いましたと連絡をいただきました。

実際、私のいるお寺は芸能の御利益でも有名ですので、何の疑いもなく娘さんがお越しになられました。

この時、私は大変複雑な思いでいました。といいますのも、最初に芸能生活が上手くいくようにご祈禱をし、その後に、地下アイドルを辞めるように言わなくてはいけない矛盾があったからです。

まず娘さんについている霊を鎮めるご祈禱をして、その後、どのように説明しようかと迷っていた時、彼女の方から、先に少し話を聞いて欲しいと言ってこられました。

「話とは、どういったことですか」

私が聞き返しますと、こんな答えが返って来ました。

「実は最近、母の様子がおかしいのです」

どんな風にご様子がおかしいのか、お経を読む前に聞かせていただく事にしました。

娘さんのお話によりますと、ストーカーの男性が亡くなった事を知ってから、おかしくなったと言われるのです。

その日の夜、娘さんは自分の寝室のある二階で寝ていると、一階で寝ているお母さまが、誰かと話しているような声がしたらしいのです。

こんな夜に誰と話しているのだろうと一階に降りてみると、お母さまは独りで何か話されていたと言います。

「誰と話しているの」と聞いてみると、「何も話してなんかいないよ」と不思議そうな顔でこちらを見てきたそうなのです。

そして何よりおかしな事があるんですとおっしゃるのです。

それは、今まで地下アイドルの活動を応援してくれていた母親が、その日から早く辞めなさいと言ってくるようになったといいます。

私はこの時、少し恐怖を感じました。といいますのも、お母さまか、娘さんかのどちらかが、嘘をついておられることになるからです。いや、どちらかが言わされているという表現の方が正しいのかも知れません。

もう少し娘さんのお話をお聞きして、見極めようとしたその時です。

突然お寺の電話が鳴りました。

娘さんに待っていただき、私は受話器を取りました。電話の相手は、お母さまでした。

「ご住職、娘に地下アイドルを辞める様に説得いただけましたか」

「まだお話し出来ていません」

そう私は答えました。

すると突然「さっさとアイドルを辞めさせろ」と、まるで男性の声で怒鳴られました。

「少しお待ちください」

私はそう言って電話を切りました。

すぐに待たせていた娘さんのもとに戻り、ストーカーの男性の供養をしましょうと、お塔婆を建て、お香を焚き、静かに読経をいたしました。

その後、娘さんからお母さまの様子は落ち着かれたと、ご連絡いただきました。

ファンの方が、死後も彼女のことを独り占めしたくて、今回のような事が起こったのかも知れません。

他人を好きになるということは、相手の幸福を願う事です。好きな相手が幸福でいてくれる事が、自分にとっての幸福でなくてはいけませんね。

〜矛盾〜

日蓮宗の修行の中に、修養道場というものがあります。

これは小学四年生から、中学二年生までの夏休みに開催される小僧さんの修行をするための道場です。

小僧さんは、一番初めに法衣の畳み方を教えてもらいます。

折り目はきっちりと合っているか、畳む順序は合っているか、畳む時の姿勢や掛かった時間など、厳しく指導されます。

そして、素早く綺麗にたためるようになって、ご指導くださる先生の元に持って行きます。

「素早く丁寧に畳めましたね」そう言うと先生は、その法衣を投げて、もう一度畳むように指導します。

「なんで」と思わず言いそうになりますが、殆どの修行僧は何も言わずに再び綺麗に畳み直します。

なぜかと申しますと、そこには先生に対する信頼があるからです。意味の無い修行を先生が指導されるわけは無いという信頼があるのです。

この修行には、他にも「意味がありますか」と聞き返したくなるものが沢山あります。

正座を一時間以上したり、水を被ったり、何時間も歩いたりと、色々とあります。

しかし、これには大きな意味があるのです。それは「矛盾を知る」という事です。

世の中は矛盾に満ちています。ですからお坊さんを志す者は、この矛盾を知らねばなりません。そして、大切なのは矛盾を教えるという事は、互いの信頼関係がしっかりしていないといけないということです。

昨今、私は大人が減ったように思うことがあります。

逆に言えば、子供が増えて、子供の国になったように感じる時があるのです。

子供と大人の違いは沢山ありますが、その一つに、子供は感情をあらわにしても良いという点があると思うのです。

しかし、大人になっても尚、気に入らないことがあれば大声を出してみたり、感情的に怒鳴ったりと、大人になりきれない大人が増えたのではないかと思います。

もしかしたらそれは「矛盾を知る」という事が子供時代に出来なかった

からかも知れません。

世の中は納得のいくことばかり、上手くいくことばかりではありません。矛盾を感じた時は、一呼吸を置いて、その矛盾を知り、感情を抑えて大人になるように努めたいものです。

第三章

孤独

この世界は基本的に、相対性の中で成り立っています。

例えば、悪というものが存在する時、相対する正義というものが存在します。美味しいという表現は、相対する不味いという物がなければ成り立ちません。何か基準になるものと比較して答えがある訳です。

これは自然界も同じです。夏は陽気で、相対して冬は陰気です。季節にも相対するものがある訳です。そして、食べ物にもあります。例えば、スイカは陰の食べ物です。陽気な夏に、陰のスイカを食べることで、陰と陽のバランスが保たれ、健康でいられるのです。心霊スポットや、怖い話を聞いた後に、お清めの塩を振ったりしますが、塩は陽の食べ物ですから、陰を中和する働きを加えるという意味だと思います。

さて、今回の章は、孤独ですが、孤独に相対するものは複数とでもなるのでしょうか。しかしながら、孤独というものは、得てして集団や複数の集まりの中にこそあるように思うのです。集団の中に孤独があるとするならば、相対するものが同時に存在することになります。

亡くなった方々は、肉体を離れ霊体になります。ここにいるよと呼んでも多くの人間には聞こえません。こんなに沢山の人がいるのに誰も気づいてくれないと、孤独の中に居られるのかも知れません。

しゃっくり

このお話は、ある新婚のご夫婦からお聞きしたことです。

お二人は、新居としてマンションを買われました。

引っ越しの荷物が入った段ボールも、まだ半分くらいしか荷ほどきが出来ていない頃のことですが、と奥様は前置きして話し始めました。

「深夜、寝室で寝ていると、突然インターフォンが鳴ったんです」

「ピンポーン、ピンポーン、ピンポーン」

突然、鳴り響いた音に驚いて私は目が覚めました。主人は、隣でぐっすり寝ています。時計に目をやると、深夜一時頃でした。

「こんな時間に誰が？」

主人を起こそうかとも思いましたが、明日も仕事があるので起こすのは可哀想だと思って、起こしませんでした。

そんな事を考えている間にも、ピンポーン、ピンポーンとインターフォンは鳴り続けます。

　知人にはまだ新居の住所も教えていないし、ましてやこんな時間に訪れる知り合いなどは思い当たりません。

　こみ上げてくる恐怖心を抑えて玄関ドアの前まで行き、ドアスコープを覗いてみました。

　するとそこには、痩せ細った体を少し傾けた寝間着姿の男性が一人立っていました。

「ピンポーン、ピンポーン、ピンポーン」

　その男性は、無表情にただインターフォンを押し続けています。

　もしかすると、お酒に酔って、部屋を間違えているのかもしれないと思った私は、扉越しに声をかけてみました。

「あの、部屋を間違えていますよ」

　私の声が聞こえていないのか、男性は何の反応もなくインターフォンを押し続けます。

　このままでは主人も起こしてしまうと思った私は、思い切って扉を開けました。

そして、少し大きめの声でこう言いました。

「あの、部屋を間違えていますよ、インターフォンを押すのを止めてください」

やはり男性はお酒に酔っているのか、うつろな目で少しふらふらした感じでした。

そしてもう一度帰って下さいと言おうとしたその時でした。

「ヒック」

その男性は、しゃっくりをしながら、体をビクッと痙攣させたように動かしたのです。

「ヒック、ヒック、ヒック」

男性は何度もしゃっくりしながら体をビクつかせました。

間違いなくお酒に酔っていると確信した私は、真夜中に起こされた腹立たしさを隠さず大きな声で「もう帰って下さい」と言って扉を強く閉めました。

鍵をしてチェーンロックを掛けると、私は寝室に向かって廊下を歩き出しました。

その瞬間、突然耳元ではっきりと聞こえたんです。

「ヒック」

私は驚いて振り向きました。すると、そこで夢から覚めたんです。

朝になって、朝食を取りながら、この話を主人にしました。

「しゃっくり男か、気持ち悪いね」主人は少し馬鹿にしたようにそう言いました。

「すごくリアルな夢で怖かった。もしあのまま夢が続いていたら、振り返った時に、廊下にあの男性が立っていたんじゃないかな。部屋に入って来ていたりして」

私がそう言うと、主人はまたかとあきれていました。私は怪談話が好きで、霊の存在などを信じる方なのですが、主人は真逆で一切信じない人なんです。

「ただの夢だから気にしなくていいよ」

いつもならそうした主人の態度に不満な私も、この時ばかりは、少し安心した気持ちになりました。

しかし、そんな私に見向きもせず、主人はスマートフォンをいじっていました。おそらくいびきを自動で録音してくれるアプリを聞いているのだと思いました。

結婚以来、主人の健康に気を配るのは妻である私の役目だからと、主人にはこのアプリを入れてもらっています。これを聞いて、主人もダイエットしなくてはと思ってくれるといいのだけど……。そんなことを思っていると主人の聞き慣れたいびきが聞こえてきました。グー、ガー。けたたましい音が続きます。グー、ガー……。そしていびきが途切れました。一秒、二秒、三秒……。いびきは聞こえません。四秒、五秒、六秒……。

「ヒック！　ヒック！　ヒック！」

突然、誰かのしゃっくり音が、はっきりと聞こえたのです。しかも遠くでではありません。あきらかにスマホの間近なのです。

私たち夫婦はお互いの顔を見合わせました。さすがの主人も驚いた様子で目を丸くしていました。私たちは話し合った結果、主人が仕事から帰ってきたら、一階に住んでおられる、マンションのオーナーさんにこのことを話しに行くことにしました。

夕方、主人と一家のオーナーさんの部屋を訪れ、しゃっくり男について話し、アプリの音声も聞いてもらいました。そして、私たち夫婦が一番疑問に思っていたことをお聞きしました。

「もしかして、このマンション内でどなたかが亡くなられたとか、幽霊の目撃例があるとか、不可解な事が今までにありませんでしたか」

「奥さん、本気で言っているんですか。このマンション内で亡くなられた方も、幽霊の目撃例も今までありません。そして、これからもそんな事はあるはずないですよ」

オーナーさんは小馬鹿にするようにそうおっしゃいました。

オーナーさんは、幽霊の存在など非科学的な事には興味がない方で、アプリの音声も誤作動に決まっているとおっしゃっていました。

「そうですよね。変な事を言ってすみません」

主人は、すぐに頭を下げて、納得のいかない私の手を引いて、部屋に戻りました。

部屋に戻って主人は、オーナーさんの言う通り、アプリの誤作動と変な夢がたまたま重なっただけかも知れない。もう忘れようと、アプリの音声を消しました。

確かにそうかも知れませんが、正直私は納得いきませんでした。しかし、変な住人という噂でも立てば、生活しづらくなるかも知れないと、その時は無理矢理納得したのです。

次の日の朝、私も主人も特に変わった夢も見ませんでした。そして日課のいびきアプリを再生しても、しゃっくりのような声は入っていませんでした。

安心していると突然、ピンポーン、ピンポーンとインターフォンが鳴りました。

「こんな朝早くに誰だろう」主人が玄関まで行って、扉を開けました。

するとそこには、オーナーさんが居られました。

「朝早くにすみません。今から私の部屋で、三木住職にお経を挙げて貰うのですが、一緒に来られませんか」

そうおっしゃったので、今こちらにいるのです。

ご夫婦からこのお話を聞かせていただいたのは、マンションのオーナー様の部屋でした。

朝早くにオーナー様からお寺に電話があり、直ぐに来て欲しいとのことでしたので、駆けつけたところ、ご夫婦も一緒に居られたのです。

お話の中で、オーナー様は、あまり霊的な事を信じられないご様子でしたが、なぜ私を朝から呼んだのか、この疑問は、ご夫婦もお持ちでした。

「オーナー様は、何故こんな朝早くに私を呼ばれたのですか」

そうお聞きすると
「実は、昨夜の話なんですがね……」そう言って、気まずそうに話しはじめました。

昨日、ご夫婦が私の部屋に、しゃっくり男の話をしに来られました。私は正直、その手の話は全く信じていませんので、おかしな夫婦だと思いました。

しかし、その晩の事でした。

決まって私は晩酌をしながらテレビを見るのです。そして、ついつい面白い番組がありましたので、深夜一時頃までテレビを見ていました。

番組も終わりテレビも電気も消して、寝室へと向かいました。

寝室の扉を開けると、真っ暗な部屋の中で、廊下から漏れる明かりを頼りにベッドまで行こうとしたその時に、気が付いたのです。

私のベッドに誰かが寝ているんです。

私は驚いて、部屋を出ると、ゆっくりと扉を閉めました。そして、警察に電話をしようと思ったんです。

しかし、もしかしたら見間違えたのかも知れないと思いました。少しお酒も入っていましたし、時々布団が盛り上がっていて、人の形の様に見えて、驚いた経験もありました。そうだ、目の錯覚に違いない。今日は酔っているのかな。私は再び寝室へと行きました。

静かに扉を開けて、ベッドの方をよく見て息が詰まりそうになりました。やはり誰かが寝ているのです。意を決して私はベッドに近づいて、寝ている人の顔を確認してみようとしました。

ベッドに寝ているのは、寝間着を着た痩せ細った男性でした。見間違えなどではなく、はっきりと人が寝ているのを確認しましたので、部屋を出ようとしたその時です。

ベッドに寝ていた男性は、カッと目を見開き、私を見たのです。そして「ヒック、ヒック」としゃっくりを始めたのです。

私は恐怖のあまり、身動きができなくなりました。

すると男性は「ヒック、ヒック…ヒック……ヒック……ヒッ」と言って、首をガクリと横に向けました。それと同時に消えてしまいました。

そこで気がついたのですが、あの男性の「ヒック、ヒック」という声は、しゃっくりではなく、呼吸をする音だったのではないでしょうか。

実は以前このマンションは病院だったんです。だからあのしゃっくりだと思っていたのは、息を引き取る直前の息遣いだったと思うのです。

私は寝室に入る事が出来ず、朝になるのを待って、三木住職に電話をしたんです。

オーナー様の話を聞き終わると、新婚のご夫婦も納得された様子でした。どうやら霊的な事を信じないオーナー様は、地鎮祭などを怠っておられたようです。

そして、この日、四人そろってお経を挙げました。

別れ際、新婚ご夫婦の奥様が、こんな事を聞いてこられました。

「あの男性の方は、何故私の所に来られたんでしょうか」

「正直、私には分かりません。ですが、目に見えない物を信じる気持ちがおありだからでしょう。ただ確実に言えることは、その奥様のお陰で、あの男性は供養を受けることが出来ました。男性に代わってお礼を申し上げます。ありがとうございました」

そう言って、私が頭を下げると、ご主人もオーナー様も、一緒に頭を下げてくださいました。

手鏡

ある夜のことでした。晩ご飯を食べ終え、少し寛ごうとしたその時、お寺の電話が鳴りました。電話のディスプレーには、公衆電話からの着信だと出ていました。電話に出ると、相手の方は入院中である知人の矢崎さんでした。

「今すぐ、病院に来てもらえるかな」

とても聞き取り難い、小さなかすれた声でそうおっしゃいました。

それも仕方がありません。九十歳近い高齢に加えて、体調を崩して入院されていたからです。ご家族もなく、お見舞いに来られる方がおられないので、寂しいのかもしれないと思いすぐに病院に向かいました。

病室では矢崎さんが痩せた体でベッドに腰かけておられました。

矢崎さんとは、とある場所で行われた炊き出しで知り合いました。私は、年末になると、あるボランティア団体の炊き出しをお手伝いしています。

その時に、炊き出しを受け取りに来られていた矢崎さんと知り合い、その後は、二人だけで食事に行くほど仲良くさせていただいておりました。

矢崎さんは、口数が少なく、自分の過去や家族のことなどを話したがりませんでした。ですので、家族がおられるのか、どんなお仕事をされて来たのかなどは何も知りません。

そんな矢崎さんが、ある日、道で倒れられて救急搬送されました。搬送先の病院での検査の結果、末期の癌であることが分かりました。

入院後、私は何度も矢崎さんのお見舞いに行きました。しかし、矢崎さんは末期の癌患者という感じではなく、元気なご様子でした。もしかしたら、何時も強気で、弱みを見せるのが嫌いな性格の矢崎さんですから、我慢しておられたのかも知れません。

そんな矢崎さんの方から、来て欲しいという連絡を頂くのは初めてのことでした。ベッドに腰掛けたまま、矢崎さんは私にこんな質問をされました。

「住職、人間は死んだら地獄に行くことってあるのかな」

私は、その質問には答えず、なぜそんな質問をしてくるのかを矢崎さんに聞き返しました。

すると矢崎さんは、自分の過去について話をしてくださいました。

矢崎さんは、若い頃に両親を亡くされ、親戚の家で生活されていたそうです。しかしあまり折り合いが良くなく、十六歳の時に家出をされたそうです。

その後は人の道から逸れた人生を送ってきて、警察にも何度もお世話になったとおっしゃいました。

「そんな人生も、終わりの時がやっと来てくれた。長くて辛かった」

私の目を見てそう言われました。そして、私にお願いがあると言うのです。

「住職、これから住職が出会う人の中には、俺のような悪人もいると思う。でもな、その人達に、人に恨まれるような事をするなと教えて欲しい」と頭を下げられました。

「どういうことですか」

私がお聞きすると、入院してから毎晩、矢崎さんのことを恨んで死んでいったのであろう人達がベッドを囲み、「早くこっちに来い」「待ってたぞ」と口々に言われるのだそうです。中には、真っ黒い影だけの人もいて、やがて目の部分だけがオレンジ色に光り出し「ウワー」という声を出しながら襲って来ると言われます。そしてその影は叫びながら体の上に乗ってきて、その間は息が出来なくなるそうです。そのまま気絶しそうになると、ふっと消えると教えてくださいました。

「人間死ねば終わりだと思っていたが、そうではなかった」と矢崎さんは苦笑いしながらそうおっしゃいます。

そして、矢崎さんは、生きている今のうちに、一つだけでも良いことがしたいと思ったそうです。それが、私にこの事実を伝え、若い人達に悪いことはするなと伝える事だと言われました。

「自分の体は動かないから、住職にお願いすることになってすまないな」と再び頭を下げられました。そして、最後にもう一つだけお願いがあるとおっしゃるのです。私は勿論、私の出来ることなら何なりと言ってくださいと言うと、矢崎さんは目に涙をためながら、自分の両親の名前を書いた紙を渡されました。

子供の頃に両親が亡くなられて、時には両親を恨んだこともあったそうです。でも「子供独りを残して死ななくてはならなかった両親は、もっと辛かったと思う。だから、両親の供養をお願いしたい」そう言われました。

私はお寺に帰って、直ぐにご両親の供養のお経を挙げさせて頂きました。

それから数日後、再び病院を訪ねました。この時の矢崎さんは、もう話をするのも辛そうで、何かを言われても私の耳に聞こえる程の声にはなりませんでした。

そして、じっと自分の右手の手のひらを見ておられました。そして、時々微笑んだり、顔をしかめたりされています。

これは、私個人の統計ですが、亡くなられる直前になると、急に元気になったり、手の平をじっと見つめられたりする行動をされる方が多くいます。

お医者さんによっては、亡くなる直前に、急に元気になってご飯を食べられることをラストランと呼ぶ方もおられるようです。

私は、自分の手のひらをじっと見つめられる事を手鏡と呼んでいます。もしかすると、閻魔様の浄玻璃の鏡のように、今までの人生がそこに映っているのではないかと思うからです。

矢崎さんは、手鏡行動をされながら、急に私の方をじっと見られました。そして涙を目にいっぱい浮かべながら、消え入りそうな声で、一言こうおっしゃいました。「お父さんと、お母さんが迎えに来てくれた」と。この声は不思議に私の耳にはっきりと聞こえました。

そして、そうおっしゃったお顔は、安堵に包まれるような、子供のお顔をされていました。その数分後、矢崎さんは息を引き取られました。

今頃、矢崎さんは迷惑を掛けた方々の責め苦に遭いながら、謝っておられるのでしょうか。それともご両親との再会を楽しんでおられるのでしょうか。

今、私に出来ることは、矢崎さんの生前のご意思を若い方々にお伝えすることと、ご冥福をお祈りすることしかありません。

ホテル

「正直に感想を書いてくださるだけで良いんです」こうおっしゃるのは、ある高級ホテルの支配人をされておられる藤吉さんです。

藤吉さんは、数年前に先代のお父様からホテルを引き継がれました。引き継がれてすぐに、外装や内装の一部を改装され、その工事も無事に終わったので、新装開業の宣伝を大きくしたいとのことでした。

そこで、私を無料招待するので宿泊した感想を雑誌に寄稿して欲しいとのご依頼でした。

私はホテルに詳しいわけでもありませんし、専門家の方が書かれる方が良いのではありませんかと言いましたが、色々な職種の方にお願いされておられ、その一つにお坊さんを入れたいとのご意向でした。

藤吉さんのホテルは、歴史ある高級ホテルですので、私が宿泊させていただくようなことも、こんな機会がなければありません。そこで、厚かましいとは思いながらも、宿泊させていただく事にいたしました。

私がホテルに到着しますと、藤吉さんがホテルの前まで出迎えに来てくださっていました。

「ご住職、お待ち申し上げておりました」そう言って深々とお辞儀くださるそのお姿に、ホテルの気品の高さが窺えました。

ホテル内のレストランで夕食をすませ、お部屋へと案内していただきました。

そのお部屋は、なんと高層階にある和洋折衷の特別室でした。私には分不相応でもったいないくらいのお部屋です。

藤吉さんから「どうぞ、ごゆっくりお過ごし下さい」とおっしゃっていただきましたが、この広いお部屋の中で何をすれば良いのかと戸惑ってしまいました。とりあえず落ち着こうと、置いてあったお茶のティーバッグをカップに入れてお湯を注ぎました。

お茶をいただきながら、窓から見える夜景を堪能いたしました。窓から見える光の粒は、各家庭や会社の部屋の明かりです。

あの明かりの数だけ悩みや苦しみ、喜びや歓喜、人間の喜怒哀楽があるのだと思いました。あの光の中に、苦しみを持った方もおられると思うと、今の自分が悪行をしているようにも感じました。そう思いながら窓に向かって、皆様の幸福を祈らせていただきました。

その時、窓に近づいて初めて気がついたのですが、一階には日本庭園があり、そこがライトアップされていたのです。

よく見ると、その庭園内を数人の人達が歩いておられました。どうやら庭園内を散歩出来るようになっているようです。

そこで私は、フロントに電話をかけ、日本庭園内を散歩しても大丈夫ですかと確認をとりました。

すると、藤吉さんが案内しましょうとおっしゃってくださったのでお願いすることにいたしました。

部屋を出て、エレベーターのある方に向かいました。ホテルの廊下の壁には、日本画がいくつも飾られており、海外の観光客の方々も喜ばれるだろうと感じました。

すると、廊下の突き当たりの窓から、下を覗いている方がおられました。

ちょうどエレベーターの前辺りでしたので、私はエレベーターが来るまでの間、その方に声をかけたのです。

「そこからも下の庭園が見えますか？」

私が急に声をかけたせいか、窓から下を覗いておられた方は、驚いたように振り向かれました。

そして、私をきつく睨むのです。

私は思わず「すみません」と謝罪しました。

しかし、その方は、じっと私を睨み続けておられました。

そこで気が付いたのですが、相手の方は、金髪の白人女性でした。

もしかしたら日本語が分からないのかも知れないと思い「ソーリー、ソーリー」と頭を下げて謝りました。

しかし相変わらず女性はこちらを睨み付けておられます。驚かせて申し訳ないと思いましたが、一階に藤吉さんを待たせているので、このままエレベーターに乗ることにしました。

するとその女性が、私の右手首をぐっと強く摑んでこられたのです。そしてそのまま窓から飛び降りたのです。

私はその女性に引っ張られて落ちそうになりましたが、ギリギリで窓枠に摑まりました。しかし、女性はそのまま落ちて行かれました。

腰が抜けるという経験は初めてでした。腰に微弱の電気が流れている感覚に襲われて、立ち上がることが出来なくなりました。

そして、両手、両足は震えが止まらず、全身の力が全く入らなくなりました。エレベーターの前で倒れこみ、しばらく動けずにいると、藤吉さんがエレベーターで上がってきて下さいました。

倒れている私に驚いて「大丈夫ですか。何があったのですか」と声をかけて下さいました。

私は震えながら、白人女性が窓から転落して行かれたことを伝えました。するとその場ですぐに藤吉さんは携帯電話で緊急連絡して下さいました。

私は肩をお借りして、部屋に戻り、ベッドで休むよう言われました。

広い部屋で一人、ベッドで寝ていると、先程の女性の顔や、右手を掴まれた感覚が蘇って来ました。

ほどなくして、部屋に藤吉さんと警察官の方がお越しになり、その時の状況を説明して欲しいと言われました。

事細かに覚えている範囲の話をさせていただきました。話し終わると、警察官の方がこうおっしゃったのです。

「三木さん、結論から言いますと、窓からはどなたも落ちていませんでした。ホテルの防犯カメラには、三木さんが一人でパントマイムの様に窓の方に移動して行かれる様子は映っていましたけどね」

「え、どういうことですか」

私が聞き返しますと「あとは藤吉さんからお聞き下さい」と言って帰って行かれました。

藤吉さんのお話では、ホテルのリニューアル前に、あの窓から金髪の白人女性が飛び降りるという事故があったのだと言います。

その事故がきっかけの一つとなり、経営方針を変え、リニューアルオープンをすることになったとのことでした。

「住職の会われた女性は、睨んでおられたのですか。怒っておられたのですか」と聞かれましたので、私には怒っているお顔に見えました。その原因は、私が突然声を掛けてしまったからではないかと思いますと言うと、藤吉さんは、もしかしたらそうではないかも知れませんとおっしゃるのです。

亡くなられたその女性は、海外のある国から観光で来られていたそうです。スタッフの証言や、色々な調べの結果、その女性は自殺であるという結論になっていました。

しかし藤吉さんは、あれは転落事故だったのではないかと言うのです。

リニューアルをして気がつかれたそうなのですが、廊下のあの窓は、今よりも低い位置にあり、あまり深くのぞき込むと、少し足が滑れば簡単に転落してしまうのだそうです。

警察に再度捜査を依頼しようとしたのですが、そうなればホテル側の過失責任を追及されかねません。そう思って、そのままになっていたというのです。

もし転落事故であったならば、その女性のご家族や知人の皆様に申し訳が立たないとおっしゃいました。

そこで私は、原因は分かりませんが、彼女の供養のための塔を建てませんかと提案しました。

仏教には、亡くなられた方々の最高の供養は「塔を建てて供養すべし」とあります。ですからお墓や塔婆を建てるわけです。

その提案を、藤吉さんは快く受け入れてくださいました。

数ヶ月後、私は再びホテルを訪ねました。そして、藤吉さんに供養塔まで案内していただきました。

その塔は、小さなお墓で、日本庭園の端っこの方にありました。遠目には分からないほどですが、彼女の供養をここでしたいと思いますとおっしゃってくださいました。

お線香とお経を挙げて私は帰りました。

その日の夜、藤吉さんがあの廊下を歩いていると、あの金髪の白人女性が廊下の向こうから歩いてこられたそうです。そして、すれ違いざま、その女性は笑顔をみせて消えられたとのことでした。

今もこのホテルの日本庭園には、小さな綺麗なお墓が建っております。

金縛り

これをお読みくださっている皆様の中にも、金縛りにあったという方がおられるのではないでしょうか。

金縛りというものは、突然身体が動かなくなる事です。一般的には心霊体験として語られますが、科学的に解析された方もおられるようです。

科学的には金縛りは、脳が起きていて、身体が寝ている状態に起こる現象だそうです。

これは私もよく分かります。と言いますのも、テレビ収録や講演会の後など、終わってから直ぐに眠ることが出来ない時があります。

これは恐らく、脳が軽い興奮状態にあるのだと思います。脳の中でアドレナリンが分泌され、身体は疲れているにもかかわらず、脳はむしろ活発に機能している状態です。この状態で布団に入りますと、深夜突然に金縛りの状態に陥ることがあります。その時は、心でお経を唱えようとも動くことは出来ません。脳が右腕を動かしなさいと命じても、身体は寝ていますから当然右腕は動きません。

これが金縛りのメカニズムのようです。

私は、今までの人生の中で、二桁は優に超えるくらいに金縛りになった経験がありますが、金縛りには大きく分けて二通りの種類があるように思うのです。

一つ目は、金縛り状態になって身体が動かなくなっている最中に、自分の身体を全く感じることが出来なくなるものです。

金縛りの状態になってから、自分の手は今、開いているのか閉じているのか、また、足は伸びているのか曲げているのかさえ分からない状態です。

私はこの状態を脳だけが覚醒している状態の金縛りだと思っております。

二つ目の金縛りは、先程とは違い、金縛り状態にある時、手は開いているか閉じているか、足は伸びているか曲げているかをはっきりと認識することが出来ます。

さらに、部屋の様子などの自分の周りの状況まで認識することが出来ます。そして、ドアが開いたり閉まったりしても認識することが出来る状態です。

これは、先に述べた、科学的な検証結果とは違うような気がします。この状態こそが心霊現象なのではないかと思うのです。

　何度も何度も金縛りに会う中で、更に三つ目の金縛りを経験したことがあります。

　私は大学生の頃、お坊さんの寮に入って、修行をしながら大学に通っておりました。実家からは出ておりましたが、一生に一度でいいので一人暮らしをしてみたいと憧れを懐いておりました。

　そこで、大学を卒業後、お師匠さまに一年間だけ一人暮らしをすることをお願いしました。あまりないことですが、寛大にも一年間だけという約束で許可をいただけたのです。

　私は関東某所にアパートを見つけ、アルバイトも見つけて、一人暮らしを始めました。

　私は一人暮らしが出来たら、やってみたいことがありました。その一つは、ベッドで寝るということです。ベッドで休むお坊さんはあまり想像できませんし、事実、私もずっと布団で寝ていたのです。私は早速ベッドを購入しました。

　今までは、一部屋に五人から六人ほどで寝ていましたので、一人で寝られる喜びは大変大きなものでした。

　ベッドに横になった私は、マットレスの柔らかさに包まれて、直ぐに深い眠りにつきました。

寝入ってからどのくらい時間が経ったのでしょうか。突然に金縛りが私を襲いました。

しかしながら、こうなることに慣れている私は、冷静にどの種類の金縛りかを確認しました。

引っ越してきたばかりなので、軽い興奮状態になっていたことは間違いありません。しかし、冷静に身体を確認すると、腕や足は伸びきっている事や、手のひらが開いている事を感じることが出来ましたし、部屋の様子もしっかりと見て取れるのです。

これは間違いなく霊的現象だと思いました。

ここで普段なら、心の中でお経を唱える訳ですが、この時は、部屋の中の誰かが私に伝えたいことがあるかも知れないと、そのままの状態で暫く我慢することにしました。

すると、寝ている私の右腕の手首を誰かがぐっと握ってこられました。しかし、何方かの姿を確認することは出来ませんでした。

過去の金縛り経験の中でも、触られたり掴まれたりはありましたので、特に驚く事はありませんでした。

しかし、次の瞬間、私の右手首を掴んでいる手が、私の腕を右方向に引っ張り始めました。この引っ張られるという現象は初めての経験でした。

私は思わずその力に抗って、腕に力を入れてみましたが、私の手首を掴んだ手は諦めようとはしません。やがて私は、この力に身を任せました。

すると、腕は垂直に真っ直ぐ右横に伸ばされました。この後どうなるのかと様子を見ていますと、あることに気が付いたのです。

右手首から先は、自由に動かすことが出来るのです。

「あれ、右手首は自由に動かせるし、手のひらを閉じたり開いたりも出来る」そう思った私は、伸びきった腕はそのままに、右手首より先だけを手首の運動でもするように動かしてみました。

手首をくるくると回していると、何かに手が当たりました。私はそれが何なのか確認する様に触ってみました。

それは、五百ミリリットルのペットボトルくらいの太さで、触った感じは水を含んだ枯れ枝のようでした。

私はその枯れ枝らしき何かを思いきり力を込めて握ってみました。ぎゅっと力を込めて握った瞬間、私の身体は急に動かせるようになりました。

握った右手は拳になっておりました。ベッドの上で半身を起こして周りを見ましたが、何も変わった所はありませんでした。

今までに経験したことのない変わった金縛りだったと思いながら、そこで私は初めて気がついたのです。

私の寝ているベッドは、右側を壁に沿って置いており、右腕を伸ばすと壁に当たってしまうということを。

愕然とする私には、間違いなく伸びきっていた右腕が何かを摑んでいた感覚だけがはっきりと残っておりました。

その日の朝、私は大家さんのお宅を訪ねることにしました。

もしかすると、私のお借りした部屋で、何方かがなくなっておられたという過去がないか、確認をしたかったからです。

私は昨夜の不思議な金縛りを話しました。すると大家さんは、笑ってこうおっしゃいました。

「三木くん、あの部屋では誰も亡くなってないし、前に住んでいた人からもそんな体験話を聞かされたことはないよ」

確かに、事故物件と呼ばれる部屋でも必ず不可思議な事が起こる訳ではありません。ですから逆を言えば、今までに何もない部屋でも不思議な事がおこるという事実は聞いたことがありましたので、今回はそういうことだったのだろうと思いました。

私は大家さんにおかしな質問をしたことを詫びると、そのままアルバイト先へと出掛けていきました。

私のバイトは、フランチャイズのラーメン屋さんでした。初めての慣れない作業が多くありましたが、私にとっては高校生以来のアルバイトで、凄く楽しい一日でした。

覚えることも多くありましたので、私はバイトの時間が終わってからも、少し居残りをして、作業をメモしたり手伝ったりしておりました。私がアパートに帰った時間は深夜の一時頃でした。

お坊さんの修行をしている頃だと、とっくに寝ている時間だなと考えると、今の生活が更に新鮮に感じました。

その日はバイトの疲れと、今までに身についた生活リズムから、ベッドに入った瞬間、直ぐに寝てしまいました。

深い眠りについたはずでしたが、寝入ってからどのくらい経ったのか、私は再び金縛りに掛かりました。

心の中で疲れているのにまたかと感じましたが、どなたかが何かを訴えるために来られているのなら、それを知りたいとも思いました。

今回も右手を引っ張られるのだろうかと構えていますと、今回は違ったのです。暫く静かな時間が続いた次の瞬間、私の頭を誰かが両手で挟んだのです。身体の自由も挟んだというのは、両耳を塞ぐように、私は頭を挟まれたのです。身体の自由もなくなった上に、音を遮断されるというのは、今までに経験したことがなく、凄く恐怖を覚えました。

しかも、両耳に当てられたどなたかの手は、手の平をはっきりと感じ取れるほど強く当て付けられていました。

お経を心の中で唱えようとしたその瞬間、私の頭を挟んだ手は、ぐいっと左側を向かそうと力が入ったのです。

その時、意識ははっきりとあって、右を向けば壁、左には部屋の空間があるということを冷静に思いました。

私は摑まれた頭を左に向かそうとする力に少し抗いましたが、直ぐに諦めてその力に随いました。

クルッと自分の頭が左に向いたのを感覚的にも視界的にも感じることが出来ました。

部屋の窓からは、近くの街灯の光が少し入ってきており、薄らと部屋の中が見えました。

一体何が起こるのだろうかと思っていると、視界にどなたかの両足の甲が入りました。

ん、足が浮いているのか……。そう、どなたかが、私の部屋の中で、宙に浮いているのです。

ゆっくりと目だけでその足から上を見ました。

この光景は今でも鮮明に覚えております。

それは、肩より下まで伸びた白髪を蓄えたお爺さんでした。服装は、温泉旅館などで出される浴衣のような物を着ておられました。

私は更に良く顔を見ようと目を凝らしました。

するとそのお爺さんは、私を見下ろして、目が合った瞬間消えてしまわれたのです。それと同時に私の身体にも自由が戻ってきました。

バイトは夕方からということもあり、疲れもあったので、昼過ぎ頃までゴロゴロとして身体を休めました。

バイトに行く前に、再び私は大家さんの元を訪ねました。と言いますのも、あのお爺さんと目が合った瞬間に見たお爺さんの表情は、とても寂しそうだったのです。

大家さんはまたかといった表情をされましたが、昨夜の出来事を話しました。

「三木くんねえ、昨日も言ったけど、あの部屋では誰も亡くなってないの」

「それは私も理解しています。でも、あの白髪の老人の表情が何か気になって……」

私がそう言い終わった時、大家さんは何かを思い出したように声を上げられました。

「あ、肩よりも長い白髪……、もしかしたら三木くんの隣の部屋の人かも」そうおっしゃいました。

「三木くん、お爺さんに何かあったかも知れない。一緒についてきてよ」そう言われましたが、私はこれからアルバイトがあるのでとお断りしました。

その日もバイト先からアパートに戻ってきたのは、深夜一時前くらいでした。アパートの前には数台のパトカーが、ライトを消して止まっていました。二階の自分の部屋に行こうと二階の階段を上りきって、やはりそうかと思いました。

隣のお爺さんの部屋には、黄色い規制線が張られていました。鑑識らしき方達も居られました。

私は部屋に入ると、そっとお爺さんの部屋に向かって壁越しに手を合わせました。

今日も疲れたとベッドに身体を預けたその時、ピンポーンとドアフォンが鳴りました。

私がドアを開けると、そこには警官と刑事さんが立っておられました。

「三木さんで間違いないですか」刑事さんは警察手帳を私に見せながらそう聞いて

こられました。

そして、色々な質問をしてこられたのです。

隣のお爺さんとは何か揉め事はなかったか、お爺さんとどんな会話をしたか。しかし、応えられるはずがありません。話すどころか、私は顔すら見たこともなかったのですから。

そして一通り質問が終わると、私の手の指紋を採取したいとおっしゃいました。何故だろうという疑問も湧きましたが、何もやましいこともないので協力することにしました。

人差し指ですかとお聞きしたところ、十指全てを欲しいとおっしゃいました。何か私が疑われているのかなと感じましたが、それならば疑いを晴らして貰いたいと思いました。また、そんな物なのかも知れないとも思い、十指全ての指紋をとることに同意したのです。

次の日、私は事の真相をお聞きしたくて大家さんを訪ねていきました。

「三木くん、隣のお爺さん亡くなってたよ」

大家さんの話では、お爺さんは首を吊って亡くなっておられたそうです。そして机の上には、遺書らしき物があり「一人暮らしは寂しい、寂しい、寂しい」と殴り書きされていたそうです。

「あ、でもね、警察は殺人の可能性が捨てきれないって調べているようだけどね」

「どういうことですか」

私が聞き返すと、大家さんは警察から教えてもらったと、こんな話をされました。

遺書らしき物もあり、首を吊っておられた状況からも、当初は自殺だと思われたそうです。しかし、鑑識の調べで、お爺さんの右足首を誰かが強く握った手形が付いていることが分かったそうです。

もしかすると誰かがお爺さんの足を無理矢理引っ張って、窒息死させた可能性があるという事で、現在も捜査中だということでした。

「大家さん、お爺さんは部屋のどの場所で亡くなっておられたのですか」私はまさかと思いながらもお訊ねしました。

「お爺さんが首を吊ってたのは、三木くんの部屋の右壁の所辺りだったな」思い出しながらそういう大家さんは、驚いたように私を見ました。

「もしかして、三木くんが一度目の金縛りで摑んだ枯れた木の枝のようなものって、お爺さんの右足首だったのか」

そうおっしゃった時、大家さんの携帯電話が鳴りました。

電話の相手は警察で、部屋中の指紋やドアノブなどの指紋を全て調べ終わって、お爺さんは自殺であったと断定しましたという報告でした。

もしかしたら私がお爺さんの足首を摑んだのかも知れませんが、その時には既にお亡くなりになっておられました。

「そうでしたか」私はお爺さんとお会いしたことはありませんでしたが、非常に悲しい気分になりました。

実はこのアパートに引っ越してくることが決まった時、両隣の部屋に、引っ越しの挨拶をするため、手拭いを持って行きました。

先に左隣の部屋に行き、呼びベルを鳴らしました。すると扉越しに、若い女性の声がしました。

「すみません。明日隣に越してくる三木と申しますが、ご挨拶に来ました」と言いますと、チェーンロックが掛かったままの状態で、女性が顔を出して下さいました。

そこで私は、手拭いを差し出しました。

すると女性は怯えたように、こうおっしゃいました。

「何ですかその手拭いは」そうおっしゃいましたので、引っ越しの挨拶ですと説明しましたが、そんな風習知りませんと、怯えるように扉を閉められました。

私が育った京都の地域では、引っ越しの挨拶は、向かい三軒両隣にします。その際、手拭いを持っていくことになっています。

ですので引っ越しの前日に、左の部屋に挨拶に行って、このような風習はこの辺ではないのかも知れないと、お爺さんの住む右の部屋には挨拶に行かなかったのです。

もし、お爺さんの部屋に挨拶に行っていたとしたら、お爺さんの話し相手になって、友達になれたかも知れないと後悔をしました。

～愛別離苦～

仏教に「愛別離苦」という言葉があります。

これは、愛するものと別れ離れてしまう苦しみのことです。

生き別れや死別などの苦しみのことです。

では何故、人間は愛するものとの別れを苦しいと感じるのでしょうか。

もしかすると、人間は孤独を嫌うのかも知れません。

孤独というのは、たとえ集団の中に居たとしてもあるように思うのです。

例えば、学校や会社にいても、孤独を感じる方はおられるはずです。

寂しさや孤独というものは、集団の中にいても、誰にも自分の事が理解されず、自分の存在すら認めて貰えなければ、その人は孤独の中に居るのではないでしょうか。

他人を理解し、存在を認め合う事は、簡単な事ではありません。しかし、その努力を互いに諦めることは決してしてはいけないことだと思うのです。他人に理解され、自分も他人を理解し認める事こそが、人類の幸せに繋がるのだと思います。

この思いは、生きている人間だけに留まらず、亡くなられた人々に対しても同じだと思います。

ですから、お位牌やお墓に手を合わせ、姿亡き人達の存在を肯定して頂きたいのです。亡くなられた人々、自然、形あるもの全ての存在を感じて、それらに感謝する心を持つことで、愛別離苦の悲しみを乗り越えられるのかも知れません。

第四章

憑依

憑依とは、霊魂と呼ばれるものが肉体に入り込み、操ることです。

私は何度も憑依現象を目の前で見たことがあります。ですから憑依現象について、あきらかにこの世に起こる現象だと確信を持っております。

ある方は、ある日突然、人格が変わり言葉遣いまでもが変化しておられました。関西弁を話されていたはずなのに、急に九州の方言で話されるようになりました。

そして、昭和○年まで、熊本県の○○村に住んでいたとおっしゃるのです。

調べてみますと、現在はなくなってしまっているのですが、昭和初期には実際に存在した村でした。しかも、お住まいだった家の近くにあった建物や、大体の風景までもが一致したのです。

勿論、この方は九州に行ったこともなければ、ゆかりもない方でした。

このように、現実の世界との不思議な一致があるのです。

憑依と言えば、御札やお守りも同じ考え方が出来るかも知れません。

願いや思いの念を紙やお守りの中に入れる事も、善い念を憑依させていると言えるでしょう。

お人形さん

ある猟友会の方からお聞きした話ですが「人間が狩猟をする時、鹿や猪などは、比較的躊躇なく引き金を引くことが出来る。しかし、二本足で歩く猿などは、中々引き金を引くことが出来ない。何故なら人間に姿が近いからだ」と。

真偽のほどは定かではありませんが、何となく理解できる気がします。

例えば、人形供養などのご依頼も、そのほとんどが人間の姿をしたものです。私のお寺には、髪の毛の伸びるお人形や、勝手に動き出す人形などを供養して欲しいとお持ちになられる方が多くいらっしゃいます。人間の姿をしていない、乗り物、食べ物のぬいぐるみなどは、ほとんど供養の依頼はありません。

やはり、我々人間に姿形が近いものには親近感が湧くのでしょう。それだけに、人型の人形には、思い入れが強くなりやすいのかも知れません。

ある日、一人の女性がお越しになられました。

彼女の持ってこられたお人形さんはかわいらしいドレスを着た洋風のもので、さほど気持ちの悪さを感じるものではありませんでした。

〝さほど〟と言いますのは、目立った汚れなどはなく、細やかな作りで大変綺麗だったからです。

「このお人形さんが、どうかされたんですか」

そう私が尋ねますと、彼女は人形の方をしきりに気にしながら、丁寧な口調で話をしてくださいました。

このお人形さんは、私が海外旅行先で買ったものです。何年前の製造かまでは分かりませんが、アンティークショップで出会いました。

帰国したその日、私は同居している母にこのお人形さんを見せました。すると母は、この精巧な作りに「生きている様で何となく気持ちが悪い」と言いました。

私はそんなことをお人形さんに言うのは可哀想だと母を責めましたが、悪気は無かったのだと思います。

私の両親は、私が幼少の頃に離婚しておりましたので、その寂しさから他にもたくさんの人形を持っています。ですから、私の部屋には何十体という人形がありました。そこで、新しいこのお人形さんを置く場所をどこにしようかと考えていました。

しかし、帰国後すぐだったのと、夜も遅かったので、旅行鞄に入れたままその日は寝てしまいました。

次の日の朝、私は顔の辺りに髪の毛が当たる感覚で目が覚めました。ベッドの上で起き上がると、枕の横にこのお人形さんが寝ていたのです。

おかしいな、昨夜は鞄に入れたままだったはずなのにと思ったのですが、この時はさほど気にかけませんでした。

私は仕事に行くために、一旦、お人形さんを机の上に移動させ、そのまま会社に向かいました。

夕方、帰宅して部屋に戻ると、お人形さんは、私のベッドの上で寝るように横たわっていました。もしかしたら母が移動させたのかもと思いましたが、母は部屋の中にも入っていないと言います。

夕食を終えて、部屋に戻ってから、何となく部屋の様子が違うように感じました。ただ、違和感の原因までは分かりませんでした。

その日の夜、私はこのお人形さんを机の上に置いて寝ました。しかし、次の日の朝、再び私の枕の横で寝ていたんです。

もちろん、普通の人形というのは勝手には動きませんから、少し怖いかなと思いましたが、それほど私の事を気に入ってくれたのだと嬉しくも思いました。ですので、この日はベッドに置いてそのまま寝ました。朝起きると、お人形さんは、そのままの姿でベッドで寝ていました。

私はそのまま仕事に出かけました。夕方になって帰宅後、部屋に行くと、前の日以上に強い違和感がありました。そして、やっとこの違和感にはっきりと気がついたのです。

私の部屋に置いてあった人形が、三体ほど無くなっていました。

母にこの事を聞くと、

「もしかしたら、その人形が嫉妬して捨てたんじゃないの？」

と変なことを言い始めました。

そんなはずは無いとは思いましたが、普通、人形は勝手に動いたりしませんから、私は決して悪気があったわけではないのですが、このお人形さんを少し怖く感じてしまったんです。

「少しお待ちください」

ここまでお聞きして、私は彼女のお話を遮りました。

それは、あまりにも彼女が、お持ちになられたお人形さんに対して気を使われており、本音を語れないでおられる様に思えたからです。

そこで、お人形さんを本堂に置いて、隣の客間にて続きをお聞きすることにしました。

ご住職ありがとうございます。これで思う存分話が出来ます。

あの人形は人間の話が分かるんです。

彼女がほっとしたように再び話し始めました。

あの人形がだんだん怖くなった私は、母に人形を捨てる事を伝えたんです。あまりに怖がる私を見た母は、「それじゃあ、私が捨てて来てあげる」と言って、二階にある私の部屋に入って行きました。

しばらくすると、母親は部屋から戻ってきて、こう言ったのです。

「あの人形、どこに置いたの」

ベッドの上にあったのを確認して部屋を出たので、間違いなくベッドの上にあるはずだと母に伝えましたが、無いというのです。

今度は私と母とで部屋の中を見ましたが、どこにもありませんでした。

「無くなったのなら丁度良かったね」

母はそう楽天的に言いましたが、私は前にも増して恐怖を覚えました。

その夜、眠りにつきそうになった時ふと気がついたんです。さっきベッドの下までは見ていなかったと。

恐る恐るベッドの下を覗いてみました。あの人形がいたのです。

私は人形をベッドに寝かせて一緒に朝を迎えました。人形が怒るのが怖かったからです。

翌朝、私は人形を捨てることにしました。その日はちょうどゴミの日だったので、ゴミ袋に人形を入れて、袋の口をすぐに縛り玄関に向かいました。

すると母が、他にも捨てる物があるから一緒に捨てておくと言ってくれましたので、そのまま出社しました。

帰宅後、母に人形の事を聞くと、無事にゴミ収集車が持って行ってくれたとの事でした。

その日の夜はぐっすりと眠ることが出来ました。

気持ちのよい朝を迎え、ベッドの上で背伸びした時、何かがベッドから落ちたんです。そうです、あの人形が私の布団の上にいたのです。

床に落ちた人形は、仰向けになって、怒りが籠もった目で、じっとこちらを睨んでいました。すぐに部屋を出て、母にこのことを話すと、かなり驚いた様子で、遠くの山かどこかに捨てに行くことを提案してくれました。

翌日、会社に急病届けを出して、お休みをもらいました。そして母と一緒に、車で一時間ほど行った山まで人形を捨てに行ったのです。

この日は朝から降る雨が激しくフロントガラスを叩き、二人の恐怖心は一層増していました。

しばらく山道を走って、適当なところに車を止めました。

雨が激しかった事もあり、助手席の母親が、車の窓から人形を投げ捨てました。不法投棄に当たることは理解していましたが、そうせざるをえなかったんです。

帰宅後、母と二人で家中の窓や出入り口の戸締まりをしっかりと確認しました。馬鹿みたいに思われるかも知れませんが、この時は人形が勝手に動き出して、家に戻ってくるのではないかと二人とも本気で思っていたんです。

これで安心して寝られると母は言いましたが、私はこれでもまだ安心するまでの気持ちにはなれませんでした。

その日の夜、ベッドの上で、目はつぶっていたものの、深い眠りに入ることは出来ませんでした。

うつらうつらとしているその時、急に体にぐっと力が入って動かなくなりました。生まれて初めて金縛りにあったのです。

初めて金縛りにあった恐怖でパニックに陥っていると、部屋の入り口の方で人の気配がしました。

そちらの方に視線をやると、黒い影が動いているのが分かりました。そしてその影は、部屋の中にゆっくりと入ってきたのです。

そして私の寝ているベッドの横まで来ると、ボトッと枕元に何かを落としました。私はあの人形だと直感しました。そして、黒い影は、そのままゆっくりと私の部屋から出て行きました。

部屋のドアがゆっくりと閉まった瞬間、私の体は自由に動く様になりました。

しかし私はそのまま布団の中に潜り込み、朝になるのを待ちました。人形が枕元にあるかどうかを確認するのが怖かったからです。

朝になり、ベッドから飛び起きると、そこには泥だらけの人形が戻ってきていました。

もう頭が変になりそうでした。部屋の床にへたり込んだ私は、大声で泣き叫びたくなりましたが、その声すら出なくなる恐怖に気がついたのです。それは、床に残された泥だらけの人間の足跡でした。

「この足跡はもしかして」

そう思った私は母の元に行きました。

案の定、母親の両足は泥まみれでした。昨夜私の部屋に入ってきたのは、母親だったのです。

「お母さん、どうして足に泥が付いているの」

と聞くと、「あれっ、ホントだ」と驚いた様子でした。

玄関には、いつも母が履くサンダルがあるのですが、これも泥まみれで置いてありました。

昨夜、母親がサンダルを履いて、あの遠い山まで人形を取りに行っていたに違いありません。いや、取りに行かされていたのだと思います。

三木住職、本当の話なんです。信じてください。


ここまでお話しくださって、泣き出されました。

そこで私は、これからお人形に供養のためのお経を挙げて、お焚き上げしましょうと提案しました。彼女もこれに賛同くださり、一緒に人形を置いた本堂に行きますと、そこには人形の姿はありませんでした。

後日、防犯カメラを確認しました。するとそこには一人の見ず知らずの男性の姿が映っておりました。男性が静かに本堂に上がり込み、置いてあった人形を大事そうに抱えて出て行く姿が映っておりました。操り人形とよく言いますが、その逆の状態もあるのですね。

その後、あのお人形さんの行方は分かりませんが、大切にしてもらっていることをお祈りしております。

廃村マニア（前編）

ここ数年、日本は深刻な人口減少が問題になっております。それに伴う過疎化も進み、廃村を迎える所も増えてきました。

私は何カ所かの廃村に行かせていただいた事があります。その中には、建物も家の中にあったものも、そのままになっており、そこだけ時間が止まってしまっているように感じます。

まるでご飯の時に、急に家を出て行った様に、台所のテーブルには、ご飯茶碗や、湯飲みがいくつか置いたままになっていました。

そんな空き家が並ぶ廃村に、写真を撮りに行かれる方や、見学に行かれる方々がおられます。いわゆる廃村マニアと呼ばれる方々です。もちろん、空き家に入る時には、家主の方を探して、許可を得てから行かれるようです。

そんな廃村マニアである男子大学生四名がお寺にお経をあげて欲しいとお越しになりました。学生さんたちは他の廃村マニアの方々と同様に、廃墟の写真を撮ったり、廃村に至るまでの歴史などを調べるのが趣味なのだと話した後、恐ろしい体験をお話しくださいました。

全国各地にある廃村の中には、怪奇現象が起こるといわれる廃村があります。僕たちは、今まで一度も怪奇現象に遭ったことがなかったので、そんな話は信じない方でした。日常でも心霊経験は一度もなく、霊感と呼ばれるものが自分たちには全くないと思っていました。

そんなある日、とある県に、小さな廃村があるという情報があり、皆で行こうということになったのです。場所は、大学から電車で数時間、そこからレンタカーを借りて、車で数時間という場所です。とても日帰りは難しいので、宿泊することになりました。

しかし、宿泊の場合、お金がかかるので、廃村にテントで野宿することに決め、早速その廃村についての歴史、建物の所有者などを探す作業に入りました。

役所や関係者の方々をあたり、建物の所有者である、不動産屋さんが見つかりました。撮影も建物への立ち入りも自由にして下さいと許可をいただきました。ただ、その時に「自由に見てもらっても良いけれど、何があっても自己責任でお願いします」

そう言われたのです。でも、この時は特に気にも留めませんでした。

その後、昔、村に住んでいたというお年寄りをみつけたので、老人ホームに電話をし、本人から直接話を聞きに行きました。

そのお年寄りが話すには、この村が廃村に至るまでの背景には、ある事件が切っ掛けになったと言っていました。その事件は、今から何十年も前の出来事で、ある村人が行方不明になったことから始まったそうです。

当時、村に住んでいたある男性が、突然行方が分からなくなり、そのまま数年が過ぎたそうです。

しかし、数年後、行方不明の男性が突然村に帰ってきたのだそうです。帰って来たその男性は、行方不明の間の記憶が全くなく、自分がどのようにその期間を過ごし、どこにいたのかも分からないということを話したといいます。そして、その男性は、村に帰って来てから少し様子がおかしくなっていたようです。夜に突然大声で何かを怒鳴り出したり、見たこともない奇妙な字を書き出したりしていたそうです。

その後、その男性の家族も様子がおかしくなり、最後には家に火を付けて一家全員が亡くなったそうです。

それからまた数年が過ぎた頃、ある家の玄関の扉に、小さなマジックペンで書いたような落書きが見つかりました。

その落書きは「む」という文字を変化させた様な字で、誰が書いたのかと皆で不思議がったそうですが、その文字は、あの行方不明だった男性がよく書いていた文字に似ているという話が出たそうです。

その後すぐに、その家のご家族が突然亡くなりました。そして、この不思議な文字は、毎年のようにどこかの家の玄関に書かれていて、書かれた家では不幸があったというのです。

「もしかしたらあの世からあの男が帰ってきたのではないか」そんな話も出て来たそうですが、それ以来、この村ではその文字が玄関先に書かれると、その家の家族の誰かが亡くなるという噂が囁かれるようになったといいます。

そのお年寄りは、この事件が元で廃村になったという事は無いかも知れないが、子供や孫を授かると、自分たちの家族が奪われるのを恐れた人達が、続々と引っ越していったのは間違いない事実だと教えてくれました。

この話を聞いてから、役所や村の関係書類なども調べましたが、話を裏付けるものは見つかりませんでした。

しかも、この話は怪談小説のようにも思えたので、どうせ年寄りの作り話だろうとみんな信じてくれませんでした。ただ、直接電話で話を聞いた僕だけは、話し方やしっかりした口調にとても嘘だとは思えませんでした。

だからといって、この村に行かないという選択をするわけではなく、出発の準備をして、村へと向かいました。

廃村マニア（後編）

僕たちは、テントや寝袋、食料などを各自持ち寄り、電車を数回乗り継ぎながら、廃村を目指しました。ところが、目的の駅に着いた時には、すでに夕方近くになっていました。到着した駅から、目的の村までは、まだ車で数時間はかかる距離です。急いで駅の近くのレンタカーに乗り換え、そのまま村に向かいました。

途中、青木君がトイレに行きたいと言いました。そこで、恐らくここが最後のコンビニだろうと思える所で小休憩を取る事にしました。

飲み物やお菓子、パンなども少し買い込んで、みんな車に戻りました。でも青木君だけが、戻ってきませんでした。トイレにいっているのだろうと車で待っていましたが、何分経っても戻ってこなかったので、呼びに行こうとしたその時、青木君がやっと戻ってきました。

「長かったけど大丈夫？　具合でも悪いの？」

そう聞くと頷くだけで、返事はありませんでした。

ここから村までの道は、山道や林道などをいくつも超えて、真っ暗な道を通りながら進むので、車酔いも心配しましたが、青木君は大丈夫だと小さく頷いていました。

そして、数時間の車移動の末、ようやく目的の廃村に着きました。到着時刻は、途中少し道に迷った事もあり、夜の九時を回っていました。

村の入り口付近には、街灯が一つだけポツンと立っていました。

四人で村へと続く道を見ると、街灯の明かりが薄暗く届いて、荒廃した数軒の家が、不気味に浮かび上がっていました。普段は心霊的なものを信じない僕らでしたが、お年寄りから聞いた話もあり、さすがにこの時は怖いと感じました。

「さて、今日は暗いからテントを張って、晩ご飯を作ろう」

僕がそう声を上げると、

「よし、それじゃあ荷物を降ろそう」

「そうしよう」

と恐怖をかき消すように、皆で明るい声で言い合いました。

「いや、僕は夜の廃屋の写真が撮りたいから奥まで行ってくる」

明るい空気を破るかのように、青木君が急にそう言い出したのです。なぜだか青木君を止められる雰囲気ではなく、そのまま黙りこんでいると、青木君は、黙って車からカメラだけを取り出すと、さっさと村の中に続く道を進み出しました。一緒に行こうかと声をかけましたが、それを拒否して、一人で道を進んで行ってしまいました。

普段の青木君は、おとなしく、柔和な性格で、みんなとの和を優先するタイプで、こんな風に単独行動を取る人ではなかったので、残された僕たち三人は驚いていました。

それでも気を取り直して、早くテントを張ろうと、車から食べ物やその他必要な物を下ろし始めました。

どうせ人なんか来ないので、村の入り口の道の真ん中にテントを張り、簡易テーブルにコンロなどを設置して、レトルト物の食事を用意していた頃に、青木君が帰ってきました。

「おう、青木、良い写真撮れたか」

そう一人が声をかけると、その時も黙って頷くだけでした。

みんなで食事をしながら、青木君に色々と話を振りましたが、ほとんどしゃべらずに、食事を終えると「先に寝る」とだけ言い、テントの中に入って行きました。

青木君の様子がおかしくなり始めたのは、道中で立ち寄ったコンビニからです。

「特に体調が悪いわけでもなさそうだし、気分を害するようなことはなかったはずだ」

「とすれば他に理由があるのかな」

「もしかしたら、何かに取り憑かれたとか」

一人が冗談で言ったこの言葉に、誰も笑うことが出来ませんでした。

「取り敢えず、俺たちも寝るか」と二人がテントに入ったその時です。

「あれ、青木がいない」

そう言ってテントから出て来ました。

「おーい、青木ー」

そう大声で叫ぶと、村の道の先で何かが動きました。

街灯の明かりが届くギリギリの所に、一人の人間が立ってこちらをじっと見ていたのです。思わず持っていた携帯電話のライトを向けますが、遠すぎるのか顔までは見えません。

「青木か？」

一人がそう問いかけると、

「うん、テントが狭いから、僕は先の建物で寝るよ」

そう言い終わると、暗闇へと消えていきました。今は刺激しない方が良いと、僕たちはそのままテントに入り朝を待ちました。

テントの外で何かが動く音がして、目を覚ますと、外の机でカセットコンロを触っている青木君の姿がそこにはありました。

「青木、おはよう」

僕がそう声をかけると青木君は笑顔で「おはよう」と返事してくれました。他のみんなも起きてきて、みんなで青木君の入れてくれたコーヒーを飲みました。昨夜の青木君と違い、元の青木君に戻っていました。

「昨夜は眠れた？」

そう聞こうかと思いましたが、昨夜のことをここで振り返り、再び青木君がおかしくなってはいけないと、敢えて誰も口にしませんでした。

太陽の下で見る村の様子は、昨夜の印象ほど陰鬱なものではありませんでしたが、数十年間の時の経過以上に、建物の風化が激しいように感じました。

建物の写真や、村全体の様子などを写真に収めていると、一軒の黒く煤けた建物がありました。あきらかに火事の跡である事は分かりましたが、この建物が、例のお年寄りから聞いた話と関連性があるのかどうかは分かりませんでした。

そのまま数時間、思い思いの時間を過ごし、帰る時間になりました。テントなどの片付けを済ますと、全員車に乗り込み、村を後にしました。

帰り道、夕方の六時頃、行きにも寄ったコンビニが近づいたので、再びここで休憩を取ろうということになりました。

買い物やトイレを済ませて、車に戻ると、また青木君の姿がなかったので、またトイレだろうと、買って来た物を食べながら待っていました。

村で取った写真を見返したり、気が付いたことなどを話し合っていると、気が付けば二十分以上が経っていました。いくら何でも青木君が遅いので、様子を見に行こうとした時、突然パトカーのサイレンが聞こえて来て、コンビニの駐車場に入ってきました。

そのパトカーから警官が降りてきて、走りながらコンビニへ入って行きました。

驚いてその様子を目で追うと、警官はコンビニのトイレへと走っていったので、青木君に何かあったのかとコンビニに入って行くと、

「おい、開けなさい」

警官がそう言いながら激しく扉をノックしていました。

「何かあったのですか。トイレには恐らく僕たちの友達が入っているのですが」

そういっていると、突然トイレの扉が開いて、中から何もなかったかのように青木君が出て来ました。

コンビニの人の話では、トイレの中から大きな声でわめき散らすような声が聞こえてきたので、怖くなって警察に連絡したとのことでした。

出て来た青木君は、僕は一人で静かに用をたしていただけですと言い、壊れた物もないようなので、警察官の方も少し話を聞いた後、すぐに帰っていきました。

青木君の様子も、ただ驚いたという感じで、特におかしな雰囲気でもありませんでした。

しかし、このコンビニの店員さんが、トイレの中を見ている時に、おかしなことを言うのです。

「こんな所にこんな落書きあったかな？」

どんな落書きだろうと見たところ「む」を変化させたような落書きでした。

終電に乗らなくてはいけないので、すぐに車に乗り込んで出発することにしました。その時、僕は、煤の様なもので青木君の服の背中が汚れていることに気がつきました。もしかしたら青木君は事件のあった家で昨夜寝ていたのかも知れない。コンビニでの一件もおかしいと思い、青木君に色々と聞きたかったのですが、帰りの時間を気まずく過ごしたくないと思って、何も聞きませんでした。

無事にそれぞれが帰宅し、また明日大学で会うことを約束してその日は別れました。

次の日、大学の食堂で待ち合わせをして四人が撮ってきた写真を見せ合ったりしていました。

その日の青木君は、普段通り温和な感じだったので、一人が切り出しました。

「ずっと気になっていたけど、青木はあの夜どこで寝ていたの？」

「あ、それがね……」

青木君があの夜の話を始めました。

「あの日、コンビニに寄ったあと、みんなには心配掛けるといけないと思って内緒にしていたけど、車に酔ったのか気分が悪かったんだ。だからみんなより先にテントで眠らせてもらったんだ。夜中、突然目が覚めて、気が付いたら真っ暗な廃屋の中で一人寝ていてね。ビックリしたよ。僕は急いでテントに戻ろうとしたんだけど、何となくそこの家が居心地が良くて、そのまま寝ちゃったんだ。そして朝、気が付いたらみんなの寝ているテントの前でカセットコンロに火を付けている時に『青木、おはよう』という誰かの声がして、我に返ったって感じがしたんだ。

帰りのコンビニでも、トイレに入った瞬間、また頭がぼーっとしていると、誰かが激しく扉をノックしてきたので驚いて我に返ったんだ。その時、右手になぜかライターを持っていて、火災警報器が反応でもしたのかと驚いたよ」

このお話をお寺で四人からお聞きしている時、青木さんは青ざめておられました。

私はここまでお話を聞かせていただき、要するに、ご老人から聞かれた事件の男性が青木さんに乗り移ったのではないかという事ですかと尋ねました。

すると四人は「はい、間違いなくそうなんです」とおっしゃるのです。

「何か確信できる物があるんですか」

とお聞きしました。

すると、根拠があるんですといって、数枚の写真を見せてくださいました。

一枚はテントの写真でした。その下の方に「む」に似た字が書いてあります。

そして、こちらは携帯電話で撮られた写真でしたが、コンビニエンスストアのトイレの壁に書かれたこれも「む」に似た字の写真でした。

青木さんはもしかしたら自分がテントやトイレに火を着けようとしていたのではないかと震えていました。

私はこの文字を見た途端、すぐにテントと写真をお焚き上げしましょうと提案しました。

皆でお経を挙げさせていただき、これで大丈夫だと思いますが、一応、四人が行かれた廃村の場所をお聞きしました。

この時、四人の学生さんにはお話ししませんでしたが、あの文字は「む」という文字ではありません。

確かに「む」に似てはいますが、あれは「死」という漢字を草書体で書いたものです。

もしかしたら、何かを伝えたい霊がおられて、話を聞いて欲しいと思っておられるのではないかと、廃村の場所にお経を挙げに行こうとしました。

しかし、私が行こうとした時には、村は全て壊され、その後には、植林されることが決まっていました。

今回のことが以前の事件と関係するかどうかは分かりません。ただ、何か怒りから離れられない魂が存在するのかも知れないという悲しい思いが残りました。

今も時々この村のことを思い出してはお経を挙げさせて頂いております。

公衆電話

全国からいただきますご相談の中で、科学的な解明が出来ないものが沢山あります。しかし、その不可思議な現象から、現実世界とリンクすることも少なくありません。

これから書かせていただきますお話もその一つです。

あるご夫婦がお寺に次のようなご相談にお越しになりました。

まずは奥様のお話をお聞きください。

私たち夫婦は、〇〇市〇〇町に住んでいます。その日は京都に行く用事があり、夫婦で出かけました。

仕事を済ませた後、取引先の方々との会食などもあり、京都市内を出たのは、深夜〇時をまわっていました。

主人の運転で、高速道路に乗り、〇〇インターで降りました。そこからは山を一つ越えないといけません。

曲がりくねった山道に入ってすぐくらいに、突然主人が「あっ」と驚いたように声を出しました。驚いた私がどうしたのかと聞くと、ガソリンが無くなりそうだと言うのです。

山道で、しかも深夜という事もあり、他の車が通る確率も殆ど無い状況でした。どうしようかと夫婦で考えた結果、行けるところまで行くしかないという結論になりました。

主人は出来るだけアクセルを踏み込まないように、節約運転でゆっくりと走ってくれていました。それでも上りの山道だけに、普通の道よりもガソリンを消費していることは間違いありません。何もない山道で停止してしまったらどうしようと不安な気持ちで進みました。

ふと、会員になっているロードサービスがあったことを思い出しました。車のダッシュボードに入っていた契約書などを確認すると、二十四時間サポートと書いてあります。私はすぐに携帯電話を取り出し、かけようとして気がつきました。携帯電話の電波は圏外と表示されているのです。

すると主人は、丁度この山の山頂付近に公衆電話があるので、そこまで何とか行こうと言いました。主人はよく仕事でこの道を通るので、覚えていたようです。

ガソリンのメモリはとっくにエンプティーランプが点灯しており、カーブに掛かると、時折ブスッブスッと車が揺れ出していました。

いよいよ止まると覚悟したその時、薄暗い山道の中に、ぽつんと明かりが見えました。それは主人が言っていた公衆電話です。

私たちは車を脇に寄せてエンジンを止めましたが、ライトを消した状態で見る公衆電話は、こんな状況で無ければ使わないと思えるほど不気味な感じがしました。

主人はロードサービスの電話番号を書いた紙を持つと、公衆電話のある方に歩いて行きました。私は車内に残り、主人の姿を目で追っていました。

主人は、公衆電話の前まで行くと、なぜか中に入らず立ち止まりました。そしてそのまま立っていたんです。

私は何をしているのかと不思議に思い、助手席の窓を開けると、主人にどうしたのと声を掛けました。

すると主人は驚いたように、公衆電話を指さしました。そして直ぐに首を傾げると、中に入って行きました。

何がしたかったのかは理解できませんでしたが、主人は電話をかけ始めました。

そしてロードサービスに繋がったのか、何か話をしている様子がうかがえました。

これでひと安心だと思ったその時、バタンという音がしたんです。

私は慌てて公衆電話の方を見ると、主人が倒れていました。直ぐに車を飛び出して駆け寄ると主人は白目をむいて、口からは泡を吹いて倒れていたのです。

驚いた私は、公衆電話にある赤い緊急通報ボタンを押してから、一一九番に電話しました。

主人は病院に搬送され、車は後日ロードサービスに自宅まで運んで貰うことになりました。

ここまでが奥様のお話です。次にご主人にお話をお伺いしました。

私は無事に公衆電話のあるところまで来ることができ、ほっとしていました。ロードサービスに電話しようと、車から出ると公衆電話に向かって歩き始めました。

深夜の山道は恐ろしいほど暗かったので、足下を見ながら進みました。

そのせいか、公衆電話の中を見ていなかったんです。公衆電話のすぐ近くで気が付いたのですが、女性が、公衆電話の中にいました。

こんな時間にこんな山奥でと驚きましたが、待つしか無いと思い、近くに立って、出てこられるのを待ちました。

すると、家内が大声で、どうしたのと声を掛けてきました。私はジェスチャーで、中に人が居ることを伝えようと、公衆電話を指さすと、そこには誰も居ませんでした。不思議に感じましたが、今は早く助けを呼びたいと、そのまま公衆電話に入ったんです。

しかし、扉が閉まった瞬間、私は生まれて初めて金縛りに遭いました。

体が全く動かなくなったのです。助けを呼ぼうにも声を出すこともできません。パニックになった私を、さらなる恐怖が襲います。

左手が私の意思とは関係なく勝手に動き出し、受話器を取ったんです。それから右手も動き出し、百円硬貨を入れました。

右手はそのまま、プッシュボタンを押し始めました。

私の意識ははっきりしており、どこに掛けるんだ、止めろ止めろと思っていましたが、ボタンを押す指を止めることは出来ませんでした。

私ではない誰かが掛けた電話の受話器からは、呼び出し音がなり出しました。

「プルル……プルル……プルル」

私は頼むから誰も出ないでくれと思いましたが、残念ながらそうはいきませんでした。

「もしもし」

けだるそうな、若い男性の声が聞こえました。

私は何とか「すみません。間違い電話です」と言うために、口に力を入れましたが、言葉は出てきませんでした。

「おい、誰や、なんとか言え」

電話の向こうでは関西弁の男性が、語気を強めてきました。

その瞬間、私は聞いたことのない女性の声で、こう言ったのです。

「お願い。助けて、ここから出して」間違いなくこの声は私の口から発せられたものでした。

「は、お前誰や、喧嘩売ってんのか」

電話の向こうでは男性の怒る声がはっきりと聞こえてきました。

「ごめんなさい。ごめんなさい。出して下さい」

今度は私の体まで懇願するように頭を下げ始めました。

「訳分からん女や、二度と掛けてくんな」

そう言って電話が切れた瞬間、私の体は力が完全に抜けてしまい、意識を失ってしまいました。

気が付いたときには、病院のベッドの上でした。

私はご夫婦のお話を聞きながら、疑問が浮かびました。

まず、ご主人の体を支配した女の人の正体は何か、また、電話が掛かった先の男性は誰なのか。そして一番重要な事であろう、女性の発した「助けて」「ごめんなさい」という言葉には、一体どんな意味があるのだろうか。

ご夫婦にこの疑問についてお尋ねしてみました。

するとご夫婦は、話はまだ続きがあるのだとおっしゃいました。

主人は運び込まれた病院で、色々な検査を受けましたが、結果はどれも異常なしでした。おそらく、電話ボックスを見つけたことで、ガソリンが無くなりそうだという緊張感と強いストレス状態から、急激に解放されて意識を失ったのではないかということでした。主人も私も納得いかない感じでしたが、そのまま退院し、自宅に戻ってきました。

自宅に戻り、その日の夜に寝室で寝ていると、夜中に何かが動く気配がしました。私が目を開けると、主人が起きて部屋を出て行ったのです。

トイレかなと思っていたのですが、そうではありませんでした。

主人はトイレには向かわず、電話の置いてある方に歩いて行きました。そしてどこかにかけ始めたのです。もしかして主人が公衆電話で経験した状態が、また起こっているのではと思い、咄嗟に電話番号を控えようと思いました。私は静かに主人の後ろに回り込み、様子を伺っていました。

指は、○九○・○○○○・○○○○と携帯電話の番号を押しました。押し終えた瞬間、私は直ぐに電話を切りました。相手にこちらの番号を知られるのが怖かったからです。

すると主人は前回同様に、白目をむいて倒れ込みました。十分ほどすると意識を取り戻した主人は「ありがとう」と私に言ってきました。やはり意識はあったそうです。

相手の番号が分かったので、私の携帯電話から非通知で電話を掛けてみました。電話の向こうでは、主人が言っていた様に、けだるそうな男性が出ました。

事の説明をして「一度会って下さいませんか」と聞くと、

「会ってやってもええけど、一時間一万円だせ」

そう言ってきたんです。

「分かりました。一万円お支払いしますので、明日会いましょう」

ふっかけられた金額だということは分かっていましたが、原因が分かり、これ以上主人が苦しまなくなるなら、と思い即答したのです。

次の日、相手の指定した喫茶店まで、主人と行きました。

相手は柄の悪そうな若い男と、顔に殴られた跡のような傷のある女性でした。

「突然にすみません」まず主人がそう言うと、先にお金を請求されました。

一万円を渡すと、男は携帯の時間を確認し「一時間だけやぞ」と言いました。そのけだるそうな口調と声は、間違いなく電話の相手の声でした。

一連の話をして「助けて」「ごめんなさい」と言う女性の言葉に心当たりが無いか聞きました。

すると、小馬鹿にしたように笑いながら「思い当たる人間が多過ぎてわからんなあ」と答えました。

私は思わず腹が立ちましたが、主人が
「そうですか。お時間取らせてすみませんでした。ありがとうございました」

と言ったので、そのまま男は喫茶店を出て行きました。

私は主人にどうしてもっと色々聞かないのと責めました。しかし、主人は冷静でした。

「このまま男の跡を付けるぞ」あの男の家を突き止めようというのです。

男に見つからないように跡を付けるのは、思ったより簡単でした。男は待ち合わせの喫茶店から数分のアパートに入っていきました。

主人と私は、アパート近くまで行くと、「ごめんなさい。出して下さい」と泣き叫ぶ子供の声が聞こえてきました。

私たちは、その場ですぐに警察や児童相談所に電話しました。

後日、新聞にあの男が逮捕されたという記事が載っていました。記事によると、犬などを入れるケージに閉じ込められた三歳の女の子を保護したとのことでした。男は子供の父親ではありませんでした。そして母親が子供を庇うと男からひどい暴力を受け、時には山奥の電話ボックスに置き去りにされていたこともあると報じられていました。

ご夫婦は、この話をしながら涙ぐんでおられました。私も涙を止める事が出来ませんでした。

ご主人は、この女の子が保護されてから、どこかに電話をかけることはなくなったそうです。

今回、このご夫婦がお寺に来られた目的は、世界のどこかで、現在苦しんでいる子供がいたら、どうか助けてあげて欲しいので、仏様にお願いしに来ましたとの事でした。

私たちは、心より、今苦しんでいる子供たち、また、苦しんでいる子育て中の親の方々の幸福を共に祈りました。

最後に、このご主人の体に乗り移った女性は、虐待を受けていたあの女の子の念によるものなのかは分かりません。ですが、確実にいえることは、悪事を成した者は、いつか必ずその報いを受けるということです。

その報いは、現世で来るか、死後に来るかは分かりませんが、必ずその者の前に現れます。

見慣れた他人

「あの人、見たことあるけど誰だったかな」

皆さんの中にも、こういったご経験はありませんでしょうか。

絶対に見たことのある人なのですが、どこで会った方なのか、また話をしたことはあったかなど、関係性が思い出せなくて困ることが私にはあります。

そしてやっと思い出すと、いつも乗る電車で一緒になるだけの特に何でもない関係性だったりします。

行きつけのお店や、通勤、通学で見かけるだけの関係性で、挨拶はもちろん、話さえしたことのない、見慣れた他人という存在は結構周りにおられるのです。

こうした、顔は知っているが、関係性は希薄な存在を心理学用語で、ファミリア・ストレンジャーというそうです。

ファミリア・ストレンジャーとは、ただの他人とは少し違うようです。と言いますのも、もしも困った事が起こった時、すぐに助け合う存在となるそうです。

例えば、通勤バスが事故を起こした時など、見慣れた他人同士は、全く知らない人よりも協力し合うというのです。

関係性は思い出せなくても、顔だけでも覚えておくことは、何かの時には大切なのでしょう。袖振り合うも多生の縁と言いますから、縁は大切にしたいものです。

さて、そんな会ったことはあるけれど、関係性を思い出せない人についてのお話をある女性からお聞きしました。

「これは私が子供の頃の話です」

その女性は、昔を懐かしむようなお顔をしながら話し始められました。

一人っ子だった私は、いつも寝室のベッドで一人だけで寝ていました。一人で寝るのが寂しかった私は、寝付くまでの間、毎晩母にせがんで色々な本を読んでもらっていました。

読み聞かせ用の本のジャンルは色々あったのですが、中でも怪談の本が私のお気に入りでした。怪談話の怖さに震えながら、布団の中に頭まで潜って、安心感を感じるのが好きだったからです。布団の中で、しかも声が聞こえるくらい近くに母親が居てくれるという完全なセーフティーゾーンが、たまらなく心地良かったのです。

しかしある夏の夜、布団の中に居ても怖いと感じる日がありました。

寝室にクーラーを入れ、いつものように布団に頭まで入り込むと、母親に読み始めるように声をかけました。

すると、いつものように母親が本を読み始めたと同時に豪雨が降り始めました。その雨は窓を叩きつける様に降り始め、部屋の中まで雨音が聞こえてくるほどでした。

「すごい雨だね。お母さんの声は聞こえる？」

そう母親が聞いて来ました。

私は聞こえていましたが、もっと大きな声で読んでとお願いしました。

母親はいつもより大きめの声で怪談の本を読み始めました。しばらくすると、雨だけではなく、ゴロゴロと雷の音まで聞こえ始めたのです。

布団の中に居れば絶対に安心だと思っていましたが、そのすさまじい雨音と雷の音は幼い私の恐怖心を強く刺激しました。

さらに怖さを感じたのは、本を読む母親の声でした。雨音と雷の音とでそう聞こえたのか、いつもの母親の声ではないように聞こえたのです。

私は怖くなって、母親に一緒に布団に入ってくれるように頼みました。

母親は、その願いを聞き入れて、私の寝ている布団に入り、寄り添う形で横に来てくれました。私は布団の中で、母親に抱きつきながら話を聞いていました。

しかし、話の内容はほとんど頭に入っていませんでした。

窓に向かって吹き付ける雨音、雷の音、怪談話と、最高に怖い状況でしたが、母親にしっかりと摑まっているという安心感の中、私はうとうとし始めました。

その時です。

「ドンッ」

破裂音と共に、小さな振動がしました。雷が近くに落ちたようでした。

私は眠気が飛び、怖くなったので母親に強く抱きつきました。母親はまだ怪談の本を読んでくれていました。

再び、眠りにつこうとすると、何か違和感を感じたのです。

「何かが違う」その違和感に私はすぐに気がつきました。

母親の声です。

あきらかにいつもの母親の声ではなく、少しかすれたお婆さんの声に聞こえたのです。

私は抱きつきながら、布団の隙間から見える母親の顔を見ました。するとその顔は全く知らない人だったんです。

「お母さん」思わず私は声をかけました。

するとその知らない人は、ゆっくりと布団の中に居る私の方を見て微笑みながらこう言いました。

「早く寝なさい」そう言ったその人は、母親ではなく、知らないお婆さんでした。

布団の中で、なぜか母親は消え、私は知らないお婆さんに抱きついていたのです。しかし、今少しでも動くとさらなる恐怖が待っていそうで、私はそのままの体勢で動かない事にしました。

気が付くと朝になっていました。布団には私一人だけが寝ており、母親の姿も、お婆さんの姿もなかったのです。

すぐに布団から出て、母親を探しました。台所から音がしたので行ってみると、そこにはいつもと変わらない母親が居ました。

幼かった私はこの話を母親にはしませんでした。もしかしてこの話をしてしまうと、あのお婆さんがどこかから出てくるように感じたからです。

その日、誰にも言わずにいた私は、昨夜のお婆さんを思い出していました。また今晩も出てこられたらどうしようと不安になっていたのです。

そして再び違和感を覚えました。昨夜見たお婆さんは、どこかで会った事のある人だと気がついたのです。しかし、どこで会った人かまでは思い出せません。でも会った事のあるお婆さんだという事は間違いなく感じていました。

その日の夜、いつものように母親が本を読んでくれました。さすがに怖い本はやめにして、昔話を読んでもらうことにしました。その前に、母親に聞いてみました。

「もしお化けが来たらどうしたら良いと思う?」

そう私が聞くと
「大人になってから来て下さいって言えば良いと思うよ」

と教えてくれたのです。

「昔々あるところに、お爺さんとお婆さんがいました」何時も通りの母親の声に、私は心地よく話に聞き入っていました。今夜は雨の音も雷の音もない静かな夜でした。

「ゴホン」

突然母親が咳き込みました。私は昨夜のお婆さんの顔が頭に浮かびました。

咳をした後、再び母親が朗読を始めると、その声はお婆さんの声に変わっていたのです。

「大人になってから来て下さい」

母親に言われたように、私は布団の中で、大きな声で叫びました。

するとの布団をばっとめくられ「どうかしたの」と声をかけてくれたのは母親でした。


あの日以来、お婆さんとは会っていません。しかし、大人になってからも、あの時に見たお婆さんの顔は、はっきりと覚えています。そして未だに、あの夜に初めて会ったのではなく、それ以前にどこかで会った人だという思いも残っていました。

その思いを持ったまま、二十年以上が経過し、結婚をして子供も授かりました。

私が母にしてもらっていたのと同じように、子供を寝かしつける時には、本を読んで聞かせています。

そんなある日の夜、いつものように子供に本を読んでいると、子供が突然こんな事を言ってきたのです。

「お婆ちゃんが来たよって言ってるよ」

私の後ろを指さしながらそう言うのです。

一瞬背筋を冷たい物が走ったような気がしました。背後に人の気配を感じたのです。

　恐る恐る振り向くと、そこには子供の頃に見たあのお婆さんが立っていたのです。

　私は恐怖で声が出ませんでした。しかし我が子は違っていたのです。

「お婆ちゃんは誰なの」

　と臆することなく聞いたのです。

　するとお婆さんは、口をパクパクと動かすのですが、何も聞こえては来ませんでした。しかし子供には何か聞こえているようで、しきりに頷いていました。

「そうなのか。ふーん。じゃあまたね。おやすみ」

　子供が言うと同時に、お婆さんは消えてしまいました。どうやら会話が終わったようでした。

「あのお婆さんは誰なの」

　と震えを隠しながら息子に尋ねました。すると子供はこう教えてくれました。

「お婆ちゃんのお母さんで、お母さんのお婆ちゃんなんだって」と。

　私はこの時、やっと思い出したのです。あのお婆さんは、私の祖母だったのです。

　祖母は私が生まれてすぐに亡くなりました。母の実家に行くと、一番初めに祖母の仏壇に手を合わせる様に言われてそうしていました。その仏壇に飾られた祖母の遺影が、私の微かな記憶にあって、どこかで会っていたという感覚になっていたのです。

今回の話を始めて母に話すと、こんな話をしてくれました。

祖母は、孫である私をいつも心配してくれていたそうです。私は小さい頃から怖がりで、机から物が落ちる音がしただけで泣いていたそうです。

私が泣くとすぐに祖母が駆けつけて「怖くないよ。大丈夫だよ」と抱っこしてくれたそうです。亡くなる最後まで私のことを心配してくれていたということでした。

あの日、私が布団の中で怖がったので、心配して出て来てくれたのでしょう。にもかかわらず、知らないお婆さんだと怖がって、大人になるまで出てこないで欲しいと失礼な事を言ってしまったのです。

何年振りかに母の実家にお邪魔して、祖父母のお墓にもお参りさせていただきました。そこで、今までの非礼を詫びると共に、もう心配しなくて良いよと報告しました。

この体験以来、彼女は幽霊というものは怖いものではないんだと思えるようになったとお話しくださいました。

亡くなられた方は、見守るつもりで出てこられても、怖がられては逆効果になってしまいます。もし出てこられる時には、驚かないタイミングでお願いしたいものです。そして、皆様の所に出てこられた際には、怖がらずに、心配をお掛けしてすみませんという気持ちで手を合わせていただきたいと思います。

~目に見えない物にこそ真実がある~

憑依現象を信じられないとおっしゃる方も多くおられると思います。しかし、私は現在、ある霊魂に憑依されています。どんな霊魂に憑依されているのかと言いますと、三木大雲という霊魂に憑依されています。

生きているということは、自分という霊魂が、人間の体に憑依しているということだと思うのです。

仏教では、体というものは自然界から借りているものだと考えます。ですから死後、体は自然に返さなければいけません。

体と霊魂は別々のものです。例えば、顔で笑っていても、心では泣いていたり、見た目は謝っていても、心では舌を出していたりすることもあると思います。

ですから、体は健康でも、心が病気という事も生まれるわけです。別々なだけに、善い霊魂に体は憑依されたいと思っているはずです。

そして、この現象は、物質にも当てはまると思います。

古来、八百万の神と言いますが、物や植物、場所などにも霊魂は存在するのです。私たちは目に見える物のみに意識がいきがちですが、目に見えないものにも意識を持っていく必要があるのだと思います。そこにこそ真実があるのかも知れません。

先にも述べましたが、お守りや御札の中に込められた清い願いは、それを持たれた方の身を守ってくれるはずです。

しかしもし、込められたものが邪心に満ちた呪いであれば、曰く付きの物と呼ばれるのかも知れません。

私たちは、体のためにも、善い霊魂でいられるように努めないといけませんね。

第五章

現身《うつしみ》

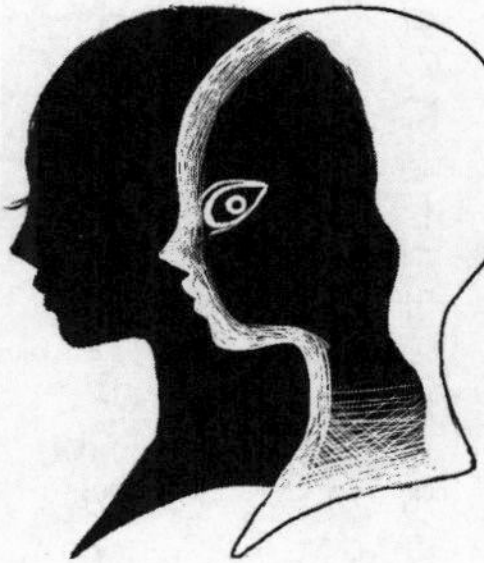

現身とは、現在、生きているこの身体のことです。現在、私たちが生活しているこの世界を仏教では、現世と呼びます。現とは、現れたという意味です。現身も現世も、現れた身、現れた世という意味です。

では、何が現れたという意味でしょうか。

実は、過去世からの因果応報による善悪の業が現れたという意味です。ですが、悪いことを過去世で行ったから、今が不幸なのだという意味ではありません。

善いとか悪いとか、幸不幸だけではなく、過去世の業と因果応報が複雑に入り組んで、その魂を更に向上させるのに適した世界が、現世であり、適した体が現身なのです。

現世の決定は、十二因縁という複雑な仕組みによるものなので、ここでは説明が到底出来ません。しかし、極々簡略化をして説明しますと、悪い行いも、善い行いも、必ず自分に返って来るということです。

さて、私たちが今見ている体だけが現身なのでしょうか。この章が、現身とは何なのかを考える機会になればと思います。

猫

「ある日をきっかけに、私の部屋で、人と獣が争う声が聞こえるんです」

怯える様に話されたのは、ある病院の受付をされている三十代の女性、吉田さんです。

吉田さんは、同僚の女性お二人と一緒にお寺に来られました。

三人は、皆さん独身で仲が良く、休みの時には旅行なども一緒に行かれるほどの仲なのだそうです。

「ある日をきっかけにとおっしゃいましたが、それはどういったことでしょうか」

私がそうお聞きしますと、吉田さんは、深呼吸をし、ゆっくりと話し始めてくださいました。

それは、三人で、夏にお盆休みを利用して、心霊スポットに行こうとなったことから始まりました。インターネットで調べたり、怪談好きな人に聞いたりして、人里離れた山奥に建つ廃病院に決めました。昔は近くに温泉街があったそうですが、そこも今では完全に廃れてしまっているとの事でした。

私たち三人は、その廃病院から一番近い宿泊場所を探しました。一番近いといっても、車で一時間ほど離れていました。少し遠いかなとも考えましたが、その旅館は温泉旅館だったので、休みを満喫出来るだろうと、その旅館を予約しました。

実は、不思議な声が聞こえ始めたのはこの頃からなんです。予約が確定したその日の夜の事でした。

深夜寝ていると、どこかから「ミャー、ミャー」という猫の鳴く声が聞こえてきたんです。

私の住むマンションは、猫の鳴き声が聞こえてくる程、壁は薄くはありません。それに、私の部屋は、六階にありますので、外から聞こえて来るとしたら、廊下だけのはずです。そこで廊下に出てみましたが、変わった様子はありませんでした。気のせいかも知れないと、私は再びベッドに潜り込みました。すると再び猫の鳴き声が聞こえてきました。

窓もきっちり閉まっているし、一体この鳴き声はどこから聞こえて来るのだろうと、しばらく耳を澄ましましたが、私はそのまま寝入ってしまいました。

次の日、私はすっかり猫のことなど忘れていました。それよりも、あさってから温泉旅館にみんなで行けるという楽しみしか頭になかったのです。

その日の夜、寝ていると、再びあの猫の声が聞こえてきたんです。「ミャーミャー」と鳴くその声は、昨夜よりも近くに聞こえました。もしかしたらどこかから迷い込んできて、マンションのどこかの隙間に入って、出られなくなっているのではないかと心配しました。

私はベッドから起きて、外の廊下に出てみました。いつも暮らしているマンションが、深夜にはこんなにも静かなのだと、今更ながらに感じました。そう感じるほど静かだったのです。

私は再び部屋に戻りました。部屋の中では、エアコンからヒューヒューと冷気の出る音以外には何も聞こえませんでした。

やっぱり気のせいなのかなと思った時「ミャーミャー」と再び猫の鳴き声が聞こえてきました。

猫の言葉は分かりませんが、私には、何かを強く訴えているように聞こえました。そして、その日はそれ以上聞こえて来ませんでした。

朝になってから、マンションの管理人さんにこの事を話しましたが、オートロックを抜けて、六階行きのエレベーターに乗り込んで、部屋に入り込むなど考えられないと言われました。確かにそう言われると私も納得しない訳にはいきませんでした。

仕事先でこの話を二人にもしました。しかし、二人は疲れているんじゃないかと、あまり取り合ってくれませんでした。そんなことより、明日からの温泉旅行と、心霊スポットに行く話で盛り上がっていたので、私も気にしないようにしようと思ったんです。

仕事を終えて、明日からの旅行に備えて、何時もより早くにベッドに入りました。するとこの日もやはり聞こえてきたんです。

「ミャーミャー」

その声は、昨夜までのかわいい猫の鳴き声ではなく、時々威嚇するように「ウー」という声もしてきました。

私はベッドに寝たまま、その声のする方を耳だけで探ってみました。そしてその声が、あきらかに部屋の中で聞こえているんです。

私は何とも言えない恐怖を感じました。携帯電話の明かりをつけて、部屋の中を見回しましたが、勿論何も居ませんでした。

私は明日からの楽しい旅行に気分を向けようと、イヤホンで音楽を聴きながら、無理矢理眠りにつきました。

朝になって、私は直ぐに部屋を出ました。私の車で行くことになっていましたので、集合場所まで車で行くと、二人を乗せて温泉旅館に向かって出発しました。

車の中で、二人に昨夜の話をしました。二人は、今晩行く心霊スポットに向けての前振りかと笑って聞き流していました。

道中、色々な観光地に寄りながらだったので、旅館に着いたのは夕方を少し回った頃でした。

私がインターネットの写真で見たよりも、かなり寂れた感じのする旅館でした。外観と同じく、部屋の中も、お世辞にも綺麗と言えないものでした。

「でも、このくらい昭和感のある方が、今晩の心霊スポットへ行った後、盛り上がるよ」と二人はかえって良い感じだと喜んでくれました。

食事をとって、温泉に入り、いよいよ心霊スポットの廃病院に出発しました。

初めての道で、慣れない山道でしたが、携帯の地図を見ながら、目的の病院までは迷うことなく着くことが出来ました。

車は、廃病院の入り口の前まで入れることが出来ました。昔はここで患者さんが乗り降りされていたのだろうと思うと、何となく悲しい感じがしました。

私たちは車のエンジンを止めると、車から降りました。

病院の入り口は、近くの街灯に照らされて、不気味な雰囲気を醸し出していました。

「それじゃ、中に入ろうか」

携帯電話のフラッシュを付けて、私たちは中に入ろうとしました。

その時、私ははっきりと猫の鳴き声を聞いたんです。

「ウー、ウー」と、完全に威嚇しているような鳴き声でした。しかしこの声は、私にしか聞こえていなかったんです。

「またまた、怖がらそうとして」そういう二人に、私は確かに聞こえたと訴えましたが、信じて貰えませんでした。

二人が中に入ろうというので、正直怖かったのですが、ここに一人残る方が怖く思えて、私も中に進みました。

病院内は、そこまで痛みが進んだ感じではなく、処置室、手術室など、プレートも読み取れました。

普段、病院に勤めている私たちですから、放置されたままの処置器具に興味が湧きました。

手術室には、錆びた鉗子や、切開部分を開いたままに保つための開創器などが床に落ちていました。私たちはそれを拾い上げ、今の器具とは此処が違うなど、その時は暢気に話していました。そして、「次は二階に行こうか」と手術室を出ました。

そのまま二階に行く階段に向かって歩き始めたその時でした。

「バタン！」

手術室の扉が突然音を立ててひとりでに閉じたのです。

私たちはビックリして手術室の方を振り返りました。そして三人共が見たんです。

手術室からあきらかに人の影の様な黒い塊が出てきたんです。そしてその影は、私たちの方に向かって走ってきました。

悲鳴を上げながら、私たちは病院の奥へと逃げました。突き当たりの扉を開けると、私たちは外に出ることが出来ました。

何が起こったのか理解できませんでしたが、次の瞬間、病院の廊下で誰かが叫ぶ声がしたんです。

それは「ウォーウォー」という、唸り声のような男の声でした。

その声は私たちに確実に近づいてきました。恐怖のあまり私たちは動けずにいました。「逃げないと危ない」そう思って、私は二人の腕を掴んで力一杯に引っ張りました。再び私たちは、車のある方へ全速力で走り出したのです。

どのくらい走ったか、車の見える所まで来たとき、私は影の方を振り返りました。すると影はすぐそこまで迫ってきていたのです。

「早く車に乗って！」

叫ぶように私は二人に言いました。

二人は後部座席に乗り込みましたが、私は運転席まで行かなければなりません。もう駄目かも知れないと思った瞬間、あの猫の声が聞こえたのです。

「ウー、ニャー」

叫ぶようなその声は、影のある方角から聞こえて来ました。その声と共に、男の悲鳴のような鋭い叫び声がしました。

私は恐怖のあまり、腰を抜かして、車の前にへたり込みました。車に乗り込んでいた二人が降りてきて、私を車に乗せてくれました。

車の中に入った私たちの耳には、未だに叫ぶような男の声と、威嚇するような猫の声が聞こえていました。パニックになり、どうしたらいいのか分かりませんでしたが、子供の頃にお婆ちゃんがいつも仏壇に向かってあげていたお経を思い出し、声に出して叫びました。

「南無妙法蓮華経、南無妙法蓮華経」

意味は分かりませんし、これがお経なのかどうかも分かりませんでしたが、夢中でそう叫んだのです。すると、男の声も、猫の声も不思議と聞こえなくなっていきました。

静まりかえった廃病院を車の中から見ると、そこだけが異界の入り口のようにどんよりと怪しげな雰囲気が漂っていました。

私は直ぐにこの場から離れないと駄目だと思い、恐怖を押し殺して車のエンジンをかけました。

皆さんは、その時の恐怖を思い出されたのでしょう。話を終えられた吉田さんも、涙を堪えきれず泣いてしまわれました。

私は、その廃病院を訪れたことはありませんので、実際の雰囲気は分かりません。ただ、三人とお会いしても不思議と嫌な感じはしませんでした。

しかしながら、その廃病院に居られる男性と猫さんの追善供養をしなければいけないと思いましたので、名前は分かりませんが、その男性と、猫さんの為に、皆で本堂でお経を挙げさせていただきました。

後日、吉田さんがお寺にお越しになり、こんなお話をしていただきました。

本堂でお経を挙げたその夜に、こんな夢を見たそうです。

「幼稚園の制服を着た自分が夢に出てきました。幼い私は、ボールで遊んでいて、左右を見ずに道路に飛び出したのです。その時、飛び出してきたトラックが私に当たりそうになりました。危ないと思った瞬間、一匹の耳先が欠けた茶色い猫が、体当たりをしてきて、幼い私は車に当らずに助かったんです」

吉田さんがこの夢の話を母親にすると、こう言われたそうです。

「あー、それはもしかするとチャトランね」

吉田さんの記憶の中にはほとんど無いようなのですが、子供の頃にお婆ちゃんが飼っておられた茶色で、耳の先が一部欠けた猫ちゃんが居たそうです。

もしかしたらチャトランという名前の猫ちゃんが、廃病院に行こうとする私に警告をし続けてくれた上に、あの時も助けてくれたのかもしれないと、今度は感謝の涙を流されました。

里帰り

私はありがたいことに、全国各地から講演で呼んでいただく事があります。

その日は、東京の講演で、二百名程の方々にお越しいただいておりました。講演が終わりますと、お帰りの皆様にお礼を伝えるため、出口近くで挨拶をしておりました。

その時、一人の男性が近づいてこられ、こう声をかけてこられたのです。

「俺のこと覚えている？」

一瞬、戸惑いましたが、すぐに見当がつきました。

「もしかして、金田くん？」

そう返事をすると、彼は嬉しそうに、よく覚えてくれていたと喜んでくれました。

金田君は、私の高校時代の友人で、卒業以来となる久しぶりの再会でした。彼は私が東京で講演することを知って、わざわざ訪ねて来てくれたのです。

東京での講演は二日連続だったため、この日は東京に一泊することになっておりました。ですので、私たちは、一緒に食事に出かける事にしました。

久しぶりに会った私たちは、高校時代の思い出話に華を咲かせました。彼は野球の推薦で入学した為、野球部の寮から通学していました。実家は京都の郊外にあり、あまり京都市内に詳しくありませんでしたので、野球部の休みの時には、私が市内を案内することがよくありました。そして、高校三年の夏の終わりには、彼の実家で遊んだこともありました。

そんな昔の思い出話をひとしきりした後、自然と卒業してからの話へうつっていきました。

金田君は高校卒業後、大学には進学せずに、自動車関連の仕事に就いたそうです。高校時代から車好きだった彼には、今でも最適の職場環境だといいます。

その後結婚した彼は、一人のお子さんをもうけて、住まいを東京の秋葉原に移し、マンションを買って、三人で住んでいるとのことです。

「京都には帰っていないの？」

私の問いかけに彼は、二年程前に会社が突然、三日間の臨時休暇をくれたので、久しぶりに里帰りしたよと、その時のことを話してくれました。

彼の実家は、京都北部の田舎町で、ご両親は農家をされていました。

京都市内から電車で数時間行くと、○○駅に着きます。この駅は無人駅で、高校時代に見た駅そのままの姿を残していたそうです。

そこからは、バスで実家に向かうのですが、実家の近くのバス停まで、また小一時間かかるのだそうです。しかし彼は、久しぶりの風景にあっという間に目的のバス停に着いたそうです。

バスから降り立った彼は、感動に涙が出たといいます。もちろん懐かしさもあったそうですが、それ以上に、都会とは違って、木も畑も川の流れる音までもが昔のままだったことに感動を覚えたのだそうです。

バス停から実家まで、美しい田園風景と、心地よく吹き抜ける風、野に咲く花々の香りを楽しみながらゆっくりと歩いて実家の玄関に着きました。

実は彼は、実家のご両親に、帰郷する事を内緒にしていたので、どんな反応をするかも楽しみにしていたと言います。

玄関の扉を開けて大きな声で「ただいま」と言うと、奥から懐かしい声で「はーい」と言いながら母親が出て来て「まあー」と驚いたそうです。

その声に驚いて、父親も出て来て、すごく驚いていたと楽しそうに話をしてくれました。

その日の夜、親戚の叔父さんや、近所の人達も交えて、夜遅くまで賑やかに楽しく過ごしたそうです。

夜も更けて来たのでそろそろお開きにしようと、彼は昔使っていた二階の部屋に行くと、高校生の頃に使っていたベッドがそのまま置いてあったのだそうです。

朝になり一階に降りると、両親に

「昨日は楽しかったね。今日はもう帰りなさい。奥さんや子供が心配するでしょ」

と言われたそうです。

考えてみると、三日間の休みを自分だけリフレッシュするのも気が引けると考えた彼は、帰ることに決めました。

「一度、みんなも東京においでよ。案内するよ」

彼がそう言うと嬉しそうにご両親はこう言われたそうです。

「じゃあ、お盆休みにでも、お前の所に行くよ」

そう再会を約束した彼はそのまま東京のマンションに戻りました。

彼の部屋はマンションの六階にあり、エレベーターに乗り込みました。

そしてエレベーターの中で、彼は一泊だけとはいえ、自分一人で実家に帰っていたことに妻は気を悪くしていないか。もしかしたら怒るかもしれないと考えていたようです。

六階について、彼は自宅の扉を開けました。

「ただいま」

出来るだけ明るい声でそう言ったそうです。すると
「あ、パパの声、お帰りー」

と四歳になったばかりの息子さんが廊下を走って来てくれたのです。

両手を広げて我が子を迎え入れようとしたその時、後ろから走って来た奥さんが、長男を抱きかかえるようにして、そのまま玄関から外に飛び出してしまいました。

彼は、やっぱり奥さんは怒っているのだと思ったそうですが、何もここまで怒る事は無いだろうと、後を追ったそうです。

奥さんは、エレベーターのボタンをイライラした様子で連打しており、彼が謝りながら近づいていくと、奥さんは子供を抱えたまま非常口から外に出て、螺旋状の階段を降り始めたらしいのです。

「ちょっと、そんなに走ったら危ないから話を聞いてくれよ」

彼はそう叫びながら螺旋階段を走って後を追ったそうなのですが、足を踏み外し、転げ落ちてしまいました。その後、どうなったのかは記憶に無く、気が付いたら病院のベッドの上だったといいます。

体中が痛くて目が覚めた彼を看護師さんが何度も「大丈夫ですか。名前は分かりますか」と聞かれましたが、目は開くものの、返事をしたくても声が出せなかったのだそうです。

「一体自分はあの螺旋階段をどこまで転げ落ちたのだろうか。家内と子供はどこに行ったのだろう」

そんな事を考えている時、

「あなた、大丈夫なの」

と泣きながら叫ぶ奥さんの声がしたそうです。

「今ちょうど意識が少し戻られました。奥さんは外でお待ちください」

そんな看護師さんの声を最後にまた意識を失ったといいます。次に目が覚めた時には、奥さんと子供さんがベッドの脇にいて、無事だったことを泣いて喜んでくれたそうです。

「ごめんね」と彼が言うと、奥さんが目に涙を浮かべて言いました。

「パパは何も悪くないよ。トラックの運転手さんの信号無視だったのよ」

「トラック？　信号無視？」そこで彼は事の顚末を聞いたのです。

奥さんのお話では、彼は出勤途中に、信号無視のトラックに撥ねられて、救急車で病院に運び込まれました。そして、そこから三日間ほど意識がなかったのです。

奥さんは子供を抱えながら病院に泊まり込んでいましたが、子供も疲れが出るといけないので、一度マンションに帰っていました。

少し寝ようかと思ったその時に、突然子供が「あ、パパの声、お帰り」と言い出し、玄関に行くと、誰の姿もありませんでした。

変な胸騒ぎがした奥さんは、エレベーターを待ちきれず、子供を抱えたまま非常階段を降りて、病院に駆けつけ病室に向かうと、丁度意識が戻った時だったようです。

金田君は、実家に里帰りしていたのではなく、あの世に行っていたのではないかと言うのです。

実は、彼の両親は数年前に亡くなっておられたのです。しかも、実家で食事をした際に集まった親戚の叔父さんや近所の人達は、皆さんお亡くなりになった方ばかりだったというのです。それに、子供さんはいるはずのない、彼の声を聞いているのです。

金田君は私に言いました。

「毎年お盆には、両親だけでなく、亡くなった人達は、この世に里帰りするんだよ」

彼の家族は、毎年お盆にはみんなで仏壇に手を合わせるそうです。

生まれ変わり

仏教には、輪廻転生という言葉があります。いわゆる生まれ変わりのことです。また前世の記憶を持った子供がいたりしますが、科学的には肯定も否定もされていないようです。

しかしながら、お経に輪廻転生のシステムが説かれている以上、事実あるのだと私は思っています。

人間には、上手下手、得手不得手があります。

例えば、絵を描くのが上手い人、下手な人がいます。ご両親は全く絵が下手でも、上手い子供さんがいます。しかも、絵の描き方を特に誰からも学んだ事がないのに上手という子供さんが多くおられます。

お経によりますと、現世での上手下手、得手不得手は「習気」というもので決まる先天的な物だと説かれています。

「習気」とは、「じっけ」と読みます。これは、習ってきた気のことです。習ってきたとは、前世に於いて学んできた事を指します。気とは、目に見えませんが、生き物がまとっている物の事です。

何が言いたいのかと申しますと、絵の上手い人は、前世で絵の勉強なり、好きで書いていたりしたわけです。それが、現世に表れた訳です。

ですから、努力は報われないという方もおられますが、決してそうではありません。

現世で報われなくとも、来世、来来世には報われるのです。ですから人間は死ぬまで努力しなければいけないとお経には記されているのです。

ここで間違ってはいけないことが「欲」と「習気」は違うものです。自分の欲を満たしたいだけのものは「欲」です。しかし、自分の向上や他人の為の行いは「習気」です。

では、欲にまみれた人は、来世に地獄や餓鬼、畜生などの世界に本当に落ちるのでしょうか。

今から二十年程前、私は前世の記憶を持った子供さん達に興味があり、色々と調べていました。

ある五歳の男の子は、前世で自分は大工さんをしていたと言います。話をしていると、どうやらドイツで大工さんをされていて、屋根から転落して亡くなられたようでした。

勿論、ドイツに行って調べてみたかったのですが、子供さんの話す場所も時代も細かな事が特定できずに断念してしまいました。

しかし、このお子さんは、この頃から手先が器用で、今では大工さんになられています。

このような子供さんのお話を研究されておられる方も多くおられますが、現在まで前世の科学的確証に至っているものはありません。

そんなことを調べている時、ある方からインド旅行に誘われました。その方は、私と誰にも邪魔されずに、ゆっくりと仏教について話がしたいとのことでお誘いくださったのです。

往復のチケット代から、宿泊費まで全て出してくださるとのことで、私は喜んで行かせていただくことにしました。

インド各地に二人で出かけていたある時、ラジギールという場所で、突然インド人の方から声を掛けられました。

「ニホンジン　デスカ」

片言の日本語でそう話して来られたのです。

「そうですよ。日本語が上手いですね」と返事をすると、笑いながら、前世で日本人だったかも知れないと冗談をおっしゃいました。

お話をお聞きすると、日本に留学経験をお持ちで、その時に日本語を学ばれたとのことでした。

たまたま日本人を見つけ、留学生時代を懐かしんで声を掛けて来られたのかと思いましたが、実はそれだけが目的ではなかったのです。

私はこの後、かつてない衝撃的な体験をすることをこの時はまだ分かっていませんでした。

その方は、牛を何頭も飼っておられる牧場主の方でした。その牛の中に、前世で日本人だった牛がいるというのです。

このインド人の方の話では、その牛は、日本語で話しかけると涙を流して、じっと聞いているると言うのです。

そして、日本語でこんにちはと挨拶すると、頭を上下に動かすというのです。

そこで、この方が「オマエハ　ニホンジンナノカ」と日本語で言うと、また涙を流しながら何度も上下に頭を振ったというのです。

私たちは興味津々で、その牛に会わせて下さいとお願いしました。その方は、その為に声を掛けたのですと、直ぐに御快諾くださいました。

早速その牛がいる牧場に車で向かいますと、そこには何十頭もの牛が放牧されていました。インドでは牛のお肉は食べませんので、ここにいるのはすべて乳牛です。ということはその牛は女性なのかなどと考えていますと、その牧場主の方が「オーーイ　ニホンジンキタゾ」と大声で言われました。すると一頭の大きな牛が小走りで近づいてきたのです。

私たちのいる前まで来て、その牛はじっと私の目を見ていました。私はこの牛は普通の牛ではないと直感めいた物を感じました。

そして私はこう声を掛けたのです。

「あなたは日本人ですか」すると、大量の涙を流しながら上下に頭を振り出しました。

そして、むせび泣くかのように「ウーウー」と声まで出すのです。

私は、間違いなくこの牛は、前世の記憶を持った牛だと確信しました。

前世の記憶について、私はこの牛に沢山の事を聞きたいと思いました。例えば、前世の出身地を覚えていますか、いつから自分が牛だと理解したかなど、お聞きしたいことは山ほどあったのですが、牛の涙一杯の目を見ていると、その質問が辛いものに思えて出来ませんでした。

「前世の記憶があるのですか」そう問いかけると、再び激しく上下に頭を振るのです。

私はここで「法華経」というお経をその牛のために読みました。

このお経は、罪障を消滅することの出来るお経です。どうかこの牛の罪が消えますようにと、一心にお経を読みました。

その間、牛はじっと動くことなく私の読経を聞いてくれました。

「また、明日も来ますね」そう私が声を掛けると、深く頷いてくれました。

近くのホテルに宿泊して、今日の出来事を二人で色々と話し合いました。

動物だからといって、前世に罪を犯したわけではないのです。それに、人間の姿をしていても畜生界に落ちたような人もおられます。

そもそも、仏教でいう畜生界とは、善悪の区別の付かない者の世界ですから、姿形ばかりの話ではありません。にもかかわらず、あの牛は実際に姿形も牛になってしまい、前世人間であった頃の記憶をしっかり覚えている訳です。

どうしてこうなってしまったのか、理由は理解できませんが、私たちは、あの牛をどうしてあげれば良いかと思案に暮れました。

次の日、私たちはどうして上げるべきかの答えが出ないまま、再び牧場を訪れました。

すると、昨日の牧場主の方が、何やら大声を出しながら近づいてこられました。

「アノ　ウシ　オカシイ」そう言うのです。

慌てて牛に近づいてみると、大きな体を横にして倒れているのです。

思わず私は「大丈夫ですか」と声を掛けました。

するとその牛は、大きな目玉を動かして、私を見ました。そして横たわりながら何度も上下に頭を振るのです。

私は牛の頭をさすることしか出来ませんでした。そして暫くすると、牛は目を閉じて、動かなくなりました。そのまま息を引き取ったのです。

牧場主さんは「ヨカッタ　ヨカッタ」と喜びました。

といいますのも、インドでは、早くに死ぬということは、寂しいことだけれども、仏様が早く呼びに来て下さったと考えるからです。

現世とは「現れた世界」の事です。何が現れたのかといいますと、それは前世からの行い、業が現れた世界という意味です。

私たち人間は、悪いことをすれば、いつの日かその行いに応じた報いを受ける時が来ます。その逆に、善い行いをすれば、善い事が現れるわけです。それは現世なのか、来世なのかは分かりません。

もし、あの時の牛さんが、前世で悪い行いをして牛の姿になっておられたのだとしたら、今頃は人間になって、善行を積まれていると信じたいものです。

事故

ある田舎道で私が車を運転している時のことでした。突然大きな音と共に対向車のトラックが電信柱に激突しました。

対向車線での事故でありましたが、思わず急ブレーキを踏んでその場に停車しました。

電信柱に激突したのは、宅配業者さんのトラックで、運転席のフロントガラスは蜘蛛の巣が張ったかのようにひびが入り、運転席辺りは完全に大破していました。事の重大さを周りに知らせるかのように、そのトラックからはクラクションが鳴り続けていました。

私は車を側道に寄せて停車し、震える両手で携帯電話を摑むと、警察へと電話を掛けました。

「もしもし、○○町の○○交差点近くで車の事故です」

「どういった事故ですか。怪我人はいますか」そう聞かれて事故の様子を改めて確認しました。

宅配業者さんのトラックの後方には、乗用車が突っ込んでおり、それに押し出される形でトラックは電信柱に激突していました。つまり玉突き衝突事故だったわけです。

車に乗ったまま電話をしていましたので、怪我人までは確認出来ませんでした。しかし、これだけ大きな事故ですから怪我人がいないはずはありません。

「車二台の事故で、怪我人も恐らくおられます」私はそう答えました。

電話を切った、数分後には、サイレンの音が近づいてくるのが聞こえて来ました。その時、トラックの大破したフロントガラスを掻き分けて這い出るように、人が出て来られました。

おそらく運転手か助手席に乗っていた方だろうと見ておりました。どうやらこの人は怪我をほとんどされていなかったようです。なぜなら、走って私の車の方に近づいて来られたのです。

まだ足が震えて車外に出て行くことの出来ない私は、運転席に座ったまま、運転席のウィンドウを空けました。

「お願いです。警察に連絡して下さい。運転手がハンドル部分に足を挟まれて動けないんです」

宅配員の制服を着たその男性が、パニックになりながら訴えて来られました。

「大丈夫ですよ、今、警察に電話しましたから、ほらサイレンがそこまで来ましたよ」そう私が言うと、男性はお礼を言って、再び車の方に駆けて行かれました。

パトカーに救急車、レスキュー隊までもが駆けつけて、こんなのどかな田舎でありながら、この現場だけは騒然となっておりました。

私は、警察の方から事故の様子を聞かれ、見たままを伝えました。なにぶん対向車線での事故でしたので、事故の起こった経緯などは全く分かりませんでした。

この時、警察官の方から、後方の乗用車には大きな怪我人はなかったという事を教えていただきました。そんな話を警察官の方々としていますと、私は少しずつ落ち着きを取り戻すことが出来ました。体の震えも収まってきたので車の外へと出てみました。その時、一瞬の歓声が湧き起こったのです。

どうやら運転席の方が助け出されたようでした。

担架に乗せられた男性は、そのまま救急車へと運ばれて行かれました。

そして、先ほど私に助けを求めて来た男性も、付き添うように救急車へ一緒に乗り込まれました。その救急車の扉が閉まる瞬間、男性は、私を見つけて再びお辞儀をしてくださいました。

後日、私は新聞で今回の事故の詳細を知りました。

○月○日、○時○分ごろ、○○町○○交差点で、酒に酔った四十代の男性が運転する乗用車が、宅配業者のトラックに突っ込む玉突き衝突事故があった――。

どうやら、酒酔い運転による事故だったようです。うしろから衝突した乗用車の運転手一名は、殆ど怪我はなく、酒酔い運転等の罪で逮捕とありました。

そして、宅配業者のトラックに一人で乗車していた男性が死亡。そう記事は締めくくられていました。

では、あの時、私に声を掛けてきた宅配員の男性は、一体誰だったのでしょうか。

この話は、これだけで終わりではありません。

私が事故現場を目撃し、警察に通報したこともあり、宅配業者さんからお礼のお電話をいただきました。

そのご縁もあり、トラックを運転しておられ、不幸にも命を落とされた方の葬儀に参列させていただける事になりました。

葬儀の際、遺影に目を向けると、事故の時に私に声を掛けて来た男性のお写真でした。

恐らく、事故直後に幽体離脱状態になって、私に助けを求めて来られたのでしょう。

そしてご遺族の方から、こんなお話を教えて頂きました。

酒酔い運転で逮捕された犯人は、泥酔していたせいで、事故を起こした時の記憶がほとんどないと言っているそうです。

しかし、毎晩のように、同じ夢を見ると話しているようです。

その夢とは、犯人が部屋に一人でいると、インターフォンが鳴り、出ると宅配便の方が「お届け物です」と箱を差し出して来るのだそうです。それを受け取って箱を空けると、箱の中から男性らしき両手が飛び出し、首を絞めてくるというのです。そして、苦しさから目を覚ますものの、再び寝入るとその夢を再び見るらしいのです。

この夢が、事故で亡くなった男性の仕業か、犯人の良心の呵責によるものなのかは定かではありません。

～輪廻のない世界～

今を生きる私たちが、一番考えなくてはいけないことは、現世をどのように生活する事が正しいのか、少なくとも間違った行動をしていないかということです。

その確認をするために、宗教というものがあるのです。どんな宗教であっても、他人のために優しく接することや他人の棘にならないように生きる事が大切だと説いています。

特に仏教では、悪い行いは、悪業となり、自らの首を絞め、善い行いは、善業となって自らの助けとなると説かれています。

そして、現世という私たちが生きているこの世以外に、死後の世界が存在します。所謂あの世と呼ばれる世界です。

私たちは、この世でも、あの世に行っても、悪行をせずに、善行を積む事が大切なのです。

では、善行を積む最終目的は何なのでしょうか。それは、輪廻転生の世界から抜け出すことです。

六道輪廻といって、地獄界、餓鬼界、畜生界、修羅界、人間界、天上界という世界があります。

そして、更にその上に、声聞界、縁覚界、菩薩界、仏界という四つの世界があります。この四つの世界を四聖道と呼びます。この四つの世界は、善行を積み続けると行けるようになります。そしてこの世界に入れば、もう輪廻転生する必要はなくなります。

この世界でも、死後の世界でも、善行に勤める事を心がけないと、いつまで経っても輪廻の輪から逃れられない訳です。私たちは善を行うために生まれて来たということを忘れずに日々を送りましょう。

あとがき

私が本書のような怪談をする目的は、幾つかあります。

一つ目に、怪談を通して、仏教に興味を持って頂きたいということです。私は僧侶ですので、これが布教の一環であると考えております。

二つ目には、死後の世界は存在するという事を知って頂きたいというものです。僧侶をさせて頂いておりますと、死に直面して苦しんでおられる方や、家族を亡くされ、悲しみに暮れる方々と接する機会が多くあります。

しかし、そんな人間の不条理とも思える「死」というものが、魂の終わりではないということを知って頂きたいのです。

それを知ることで、今生での苦しみも、悲しい別れも少しは乗り越えて行けるのではないでしょうか。

そして三つ目には、亡くなられた方々の霊魂というものが存在するのだから、仏さまや神さまも存在するという事を伝えたいのです。

私たち人間は、とても弱く、脆い生き物だと思うのです。そんな私たち人間の事をいつも心配し、助けてあげたいと思って見守ってくださる存在が現実に居られるのです。

本書の「大黒様の御利益」の最後に、こんな言葉を書かせて頂いております。「ひとりぼっちと思っていても、仏さまが一緒です。子供が無心に遊んでいても、親が遠くで見守るように」と。

実はこの言葉は、亡き私の父親が残してくれた言葉です。若き日の私には意味が理解できませんでしたが、今になってこの言葉の意味が分かったような気がします。亡き父も、私を遠くから見守ってくれているのだと確信しております。

そして本書をお読みの皆様も勿論、仏さまが見守ってくださっているのです。このことを少しでもお伝え出来れば嬉しいです。

本書を手に取り、最後までお読み頂きました事、心より感謝致します。そして皆様に幸多きことを願っております。

令和二年六月　京都・蓮久寺にて

三木大雲

この作品は文春文庫のための書き下ろしです。

章扉・本文挿画　ヤマザキチヱ

DTP制作　エヴリ・シンク

文春文庫

続々《ぞくぞく》・怪談《かいだん》和尚《おしよう》の京都《きようと》怪奇譚《かいきたん》

定価はカバーに表示してあります

2020年8月10日　第1刷
2021年9月15日　第2刷

著　者　三木大雲《みきだいうん》
発行者　花田朋子
発行所　株式会社　文藝春秋

東京都千代田区紀尾井町 3-23　〒102-8008
TEL　03・3265・1211㈹
文藝春秋ホームページ　http://www.bunshun.co.jp

落丁、乱丁本は、お手数ですが小社製作部宛お送り下さい。送料小社負担でお取替致します。

印刷製本・大日本印刷

Printed in Japan
ISBN978-4-16-791553-7

（　）内は解説者。品切の節はご容赦下さい。

ローマへ行こう
阿刀田　高
忘れえぬ記憶の中で、男は、そして女も、生きたい時がある。あれは夢だったのだろうか。夢と現実を行き交うような日常の不可解を描く、大切な人々に思いを馳せる珠玉の十話。（内藤麻里子）
あ-2-27

麻雀放浪記1　青春篇
阿佐田哲也
戦後まもなく、上野のドヤ街を舞台に、坊や哲、ドサ健、上州虎、出目徳ら博打打ちが、人生を博打に賭けてイカサマの限りを尽くして闘う「阿佐田哲也麻雀小説」の最高傑作。（先崎　学）
あ-7-3

麻雀放浪記2　風雲篇
阿佐田哲也
イカサマ麻雀がばれた私こと坊や哲は関西へ逃げた。だが、そこには東京より過激な「ブウ麻雀」のプロ達が待っており、京都の坊主達と博打寺での死闘が繰り広げられた。（立川談志）
あ-7-4

麻雀放浪記3　激闘篇
阿佐田哲也
右腕を痛めイカサマが出来なくなった私こと坊や哲は新聞社に勤めたが……。戦後の混乱期を乗り越えたイカサマ博打打ちたちの運命は。痛快ピカレスクロマン第三弾！（小沢昭一）
あ-7-5

麻雀放浪記4　番外篇
阿佐田哲也
黒手袋をはずすと親指以外すべてがツメられている博打打ち、李億春との出会いと、ドサ健との再会を機に堅気の生活から足を洗った私……。麻雀小説の傑作、感動の最終巻！（柳　美里）
あ-7-6

月のしずく
浅田次郎
きつい労働と酒にあけくれる男の日常に舞い込んだ美しい女。出会うはずのない二人が出会う時、癒しのドラマが始まる――表題作ほか「銀色の雨」『ピエタ』など全七篇収録。（三浦哲郎）
あ-39-1

姫椿
浅田次郎
飼い猫に死なれたOL、死に場所を探す社長、若い頃別れた恋人への思いを秘めた男、妻に先立たれ競馬場に通う助教授……。凍てついた心にぬくもりが舞い降りる全八篇。（金子成人）
あ-39-4

浅田次郎
草原からの使者
沙高樓綺譚
総裁選の内幕、莫大な遺産を受け継いだ御曹司が体験するカジノの一夜、競馬場の老人が握る幾多の人生。富と権力を持つ人間たちの虚無と幸福を浅田次郎が自在に映し出す。（有川　浩）
あ-39-11

浅田次郎
降霊会の夜
生者と死者が語り合う降霊会に招かれた作家の〝私〟は、思いもかけない人たちと再会する……。青春時代に置き忘れたもの、戦後という時代に取り残されたものへの鎮魂歌。（森　絵都）
あ-39-18

浅田次郎
獅《し》子《し》吼《く》
戦争・高度成長・大学紛争——いつの時代、どう生きても、過酷な運命は降りかかる。激しい感情を抑え進む、名も無き人々の姿を描きだした、華も涙もある王道の短編集。（吉川晃司）
あ-39-19

あさのあつこ
スポットライトをぼくらに
「僕はどんな大人になりたいんだろう」地方都市の小さな町に住む中学二年の秋庭樹には、思い描ける将来がない。幼馴染みの達彦・美鈴と共に悩み成長する姿を描いた傑作青春小説。
あ-43-19

あさのあつこ
透き通った風が吹いて
野球部を引退した高三の渓哉は将来が思い描けず焦燥感にさいなまれている。ある日道に迷う里香という女性と出会うが……書き下ろし短篇「もう一つの風」を収録した直球青春小説。
あ-43-20

あさのあつこ
I love letter
アイラブレター
文通会社で働き始めた元引きこもりの岳彦に届くのは、ワケありの手紙ばかり。いつしか自分の言葉を便箋に連ね、手紙で難事に向き合っていく。温かくて切なく、少し怖い六つの物語。
あ-43-21

有栖川有栖
火村英生に捧げる犯罪
臨床犯罪学者・火村英生のもとに送られてきた犯罪予告めいたファックス。術策の小さな綻びから犯罪が露呈する表題作他、哀切でエレガントな珠玉の作品が並ぶ人気シリーズ。（柄刀　一）
あ-59-1

（　）内は解説者。品切の節はご容赦下さい。

有栖川有栖
菩提樹荘の殺人
少年犯罪、お笑い芸人の野望、学生時代の火村英生の名推理、アンチエイジングのカリスマの怪事件とアリスの悲恋。「若さ」をモチーフにした人気シリーズ作品集。（円堂都司昭）
あ-59-2

阿部智里
烏《からす》に単《ひとえ》は似合わない
八咫烏の一族が支配する世界「山内」。世継ぎの后選びを巡る有力貴族の姫君たちの争いに絡み様々な事件が……。史上最年少松本清張賞受賞作となった和製ファンタジー。（東　えりか）
あ-65-1

阿部智里
烏《からす》は主《あるじ》を選ばない
優秀な兄宮を退け日嗣の御子の座に就いた若宮に仕えることになった雪哉。だが周囲は敵だらけ、若宮の命を狙う輩も次々に現れる。彼らは朝廷権力闘争に勝てるのか？（大矢博子）
あ-65-2

阿部智里
黄金《きん》の烏《からす》
八咫烏の世界で危険な薬の被害が次々と報告される。その行方を追って旅に出た若宮と雪哉は、最北の地で村人を襲い喰らい尽くす大猿に遭遇する。シリーズ第三弾。（吉田伸子）
あ-65-3

阿部智里
空棺《くうかん》の烏《からす》
人間にかわり八咫烏が支配する世界「山内」。山内のエリート武官を養成する学校で切磋琢磨する少年たちの青春の日々を彩る、冒険、謀略そして友情。大人気シリーズ第四弾。（大森　望）
あ-65-4

阿部智里
玉依姫《たまよりひめ》
八咫烏シリーズはここから始まった——。女子高生・志帆が、母の故郷の山奥で遭遇したおぞましきものとは。ついに明らかになる異世界「山内」の秘密。八咫烏たちの命運はどうなるのか。
あ-65-5

阿部智里
弥栄《いやさか》の烏《からす》
大地震に襲われた山内。崩壊の予感が満ちる中、若宮の記憶は戻るのか。猿との最終決戦に臨む参謀・雪哉のとった作戦とは——すべての謎が明かされる、シリーズ第一部完結！（対談・夢枕　獏）
あ-65-6

青柳碧人
国語、数学、理科、誘拐
進学塾で起きた小6少女の誘拐事件。身代金5000円、すべて1円玉で?!　5人の講師と生徒たちが事件に挑む。「読むと勉強が好きになる」心優しい塾ミステリ！（太田あや）
あ-67-2

青柳碧人
国語、数学、理科、漂流
中学三年生の夏合宿で島にやってきたJSS進学塾の面々。勉強漬けの三泊四日のはずが、不穏な雰囲気が流れ始め、ついには行方不明者が！　大好評塾ミステリー第二弾。
あ-67-4

朝井リョウ
武道館
【正しい選択】なんて、この世にない。「武道館ライブ」という合言葉のもとに活動する少女たちが最終的に〝自分の頭で〟選んだ道とは——。大きな夢に向かう姿を描く。（つんく♂）
あ-68-2

朝井リョウ
ままならないから私とあなた
平凡だが心優しい雪子の友人、薫は天才少女と呼ばれる。成長に従い、二人の価値観は次第に離れていき、決定的な対立が訪れるが……。一章分加筆の表題作ほか一篇収録。（小出祐介）
あ-68-3

安東能明
夜の署長
新米刑事の野上は、日本一のマンモス警察署・新宿署に配属される。そこには〝夜の署長〟の異名を持つベテラン刑事・下妻がいた。警察小説のニューヒーロー登場。（村上貴史）
あ-74-1

安東能明
夜の署長2　密売者
夜間犯罪発生率日本一の新宿署で〝夜の署長〟の異名を取り、高い捜査能力を持つベテラン刑事・下妻。新人の沙月は新宿で起きる四つの事件で指揮下に入り、やがて彼の凄みを知る。
あ-74-2

明石家さんま　原作
Ｊｉｍｍｙ
一九八〇年代の大阪。幼い頃から失敗ばかりの大西秀明は、高校卒業後なんば花月の舞台進行見習いに。人気絶頂の明石家さんまに出会い、孤独や劣等感を抱きながら芸人として成長していく。
あ-75-1

（　）内は解説者。品切の節はご容赦下さい。

浅葉なつ
どうかこの声が、あなたに届きますように
地下アイドル時代、心身に傷を負った20歳の奈々子がラジオアシスタントに。「伝説の十秒回」と呼ばれる神回を経て成長する彼女と、切実な日々を生きるリスナーの交流を描く感動作。
あ-77-1

天祢　涼
希望が死んだ夜に
14歳の少女が同級生殺害容疑で緊急逮捕された。少女は犯行を認めたが動機を全く語らない。彼女は何を隠しているのか？　捜査を進めると意外な真実が明らかになり……。（細谷正充）
あ-78-1

朱野帰子
科学オタがマイナスイオンの部署に異動しました
電器メーカーに勤める科学マニアの賢児は、非科学的商品を「廃止すべき」と言い、鼻つまみ者扱いに。自分の信念を曲げられずに戦う全ての働く人に贈る、お仕事小説。（塩田春香）
あ-79-1

秋吉理香子
サイレンス
深雪は婚約者の俊亜貴と故郷の島を訪れるが、彼には秘密があった。結婚をして普通の幸せを手に入れたい深雪の運命が狂い始める。一気読み必至のサスペンス小説。（澤村伊智）
あ-80-1

伊集院　静
星月夜
東京湾で発見された若い女性と老人の遺体。事件の鍵を握るのは、老人の孫娘、黄金色の銅鐸、そして星月夜の哀しい記憶……。かくも美しく、せつない、感動の長編小説。（池上冬樹）
い-26-21

石田衣良
池袋ウエストゲートパーク
刺す少年、消える少女、潰し合うギャング団……命がけのストリートを軽やかに疾走する若者たちの現在を、クールに鮮烈に描いた人気シリーズ第一弾。表題作など全四篇収録。（池上冬樹）
い-47-1

石田衣良
ＰＲＩＤＥ――プライド
池袋ウエストゲートパークⅩ
四人組の暴行魔を探してほしい――ちぎれたネックレスを下げた美女の依頼で、マコトはあるホームレス自立支援組織を調べ始める。ＩＷＧＰシリーズ第1期完結の10巻目！（杉江松恋）
い-47-18

石田衣良
憎悪のパレード
池袋ウエストゲートパークⅪ
IWGP第二シーズン開幕！　変容していく池袋、でもあの男たちは変わらない。脱法ドラッグ、ヘイトスピーチ……続発するトラブルを巡り、マコトやタカシが躍動する。（安田浩一）
い-47-21

石田衣良
西一番街ブラックバイト
池袋ウエストゲートパークⅫ
勤め先の店で無能扱いされた若者が池袋の雑居ビルで飛びおり自殺を図る。耳触りのいい言葉で若者を洗脳し、つかい潰すブラック企業の闇に、マコトとタカシが斬りこむ！（今野晴貴）
い-47-22

石田衣良
裏切りのホワイトカード
池袋ウエストゲートパークⅩⅢ
闇サイトに載った怪しげな超高給バイトの情報。報酬はたった半日で10万円以上。池袋の若者達が浮き足立つ中、マコトにはある財団から依頼が持ち込まれる。（対談・朝井リョウ）
い-47-23

石田衣良
IWGPコンプリートガイド
創作秘話から、全エピソード解題、キャラクター紹介まで、IWGPの世界を堪能出来るガイドブック決定版。短篇『北口アンダードッグス』を所収。文庫オリジナル特典付き！
い-47-19

石田衣良
夜を守る
ひとり息子を通り魔に殺された老人と出会い、アメ横の平和を守るため、四人の若者がガーディアンとして立ち上がった！　IWGPファンに贈る大興奮のストリート小説。（永江　朗）
い-47-30

石田衣良
MILK
切実な欲望を抱きながらも、どこかチャーミングなおとなの男女たちを描く10篇を収録。切なさとあたたかさを秘めた、心と身体をざわつかせる刺激的な恋愛短篇集。（いしいのりえ）
い-47-35

池井戸　潤
オレたちバブル入行組
支店長命令で融資を実行した会社が倒産。社長は雲隠れ。上司は責任回避。四面楚歌のオレには債権回収あるのみ……。半沢直樹が活躍する痛快エンタテインメント第1弾！（村上貴史）
い-64-2

（　）内は解説者。品切の節はご容赦下さい。

池井戸　潤
オレたち花のバブル組
あのバブル入行組が帰ってきた。巨額損失を出した老舗ホテル再建、金融庁の嫌みな相手との闘い。絶対に負けられない闘いの結末は？　大ヒット半沢直樹シリーズ第2弾！　（村上貴史）
い-64-4

池井戸　潤
シャイロックの子供たち
現金紛失事件の後、行員が失踪!?　上がらない成績、叩き上げの誇り、社内恋愛、家族への思い……事件の裏に透ける行員たちの葛藤。圧巻の金融クライム・ノベル！　（霜月　蒼）
い-64-3

池井戸　潤
かばん屋の相続
「妻の元カレ」『手形の行方』『芥のごとく』他。銀行に勤める男たちが、長いサラリーマン人生の中で出会う、さまざまな困難と悲哀。六つの短篇で綴る、文春文庫オリジナル作品。　（村上貴史）
い-64-5

池井戸　潤
民王
夢かうつつか、新手のテロか？　総理とその息子に非常事態が発生！　漢字の読めない政治家、酔っぱらい大臣、バカ学生らが入り乱れる痛快政治エンタメ決定版。　（村上貴史）
い-64-6

井上荒野
ママがやった
七十九歳の母が七十二歳の父を殺した。「ママはいいわよべつに、刑務所に入ったって」——男女とは、家族とは何か？　ある家族の半世紀を描いた、愛を巡る八つの物語。　（池上冬樹）
い-67-5

伊坂幸太郎
死神の精度
俺が仕事をするといつも降るんだ——七日間の調査の後その人間の生死を決める死神たちは音楽を愛し大抵は死を選ぶ。クールでちょっとズレてる死神が見た六つの人生。　（沼野充義）
い-70-1

伊坂幸太郎
死神の浮力
娘を殺された山野辺夫妻は、無罪判決を受けた犯人への復讐を計画していた。そこへ人間の死の可否を判定する〝死神〟の千葉がやってきて、彼らと共に犯人を追うが——。　（円堂都司昭）
い-70-2

阿部和重・伊坂幸太郎
キャプテンサンダーボルト（上下）
大陰謀に巻き込まれた小学校以来の友人コンビ。不死身のテロリストと警察から逃げきり、世界を救え！　人気作家二人がタッグを組んで生まれた徹夜必至のエンタメ大作。（佐々木　敦）
い-70-51

乾《いぬい》　ルカ
カレーなる逆襲！
ポンコツ部員のスパイス戦記
廃部寸前の樽大野球部。部存続の条件は名門・道大とのカレー作り対決!?　ヤル気も希望もゼロの残党部員4人は一念発起するのか否か？　読めば腹ペコな青春小説！　文庫オリジナル。
い-78-4

伊吹有喜
ミッドナイト・バス
故郷に戻り、深夜バスの運転手として二人の子供を育ててきた利一。ある夜、乗客に十六年前に別れた妻の姿が。乗客たちの人間模様を絡めながら家族の再出発を描く感動長篇。（吉田伸子）
い-102-1

岩井俊二
リップヴァンウィンクルの花嫁
「この世界はさ、本当は幸せだらけなんだよ」秘密を抱えながらも愛情を抱きあう女性二人の関係を描き、黒木華、Ｃｏｃｃｏ共演で映画化された、岩井美学が凝縮された渾身の一作。
い-103-1

岩井俊二
ラストレター
「君にまだずっと恋してるって言ったら信じますか？」裕里は亡き姉・未咲のふりをして初恋相手の鏡史郎と文通する——不朽の名作『ラヴレター』につらなる、映画原作小説。（西崎　憲）
い-103-2

いとうみく
車夫
家庭の事情で高校を中退し浅草で人力車夫として働く吉瀬走。大人の世界に足を踏み入れた少年と、同僚や客らとの交流を瑞々しく描く。期待の新鋭、初の文庫化作品。（あさのあつこ）
い-105-1

歌野晶午
ずっとあなたが好きでした
バイト先の女子高生との淡い恋、美少女の転校生へのときめき、人生の夕暮れ時の穏やかな想い……。サプライズ・ミステリーの名手が綴る恋愛小説集は、一筋縄でいくはずがない!?（大矢博子）
う-20-3

（　）内は解説者。品切の節はご容赦下さい。

上田早夕里
薫香のカナピウム

生態系が一変した未来の地球、その熱帯雨林で少女は暮らす。ある日現われた〈巡りの者〉と、森に与えられた試練。立ち向かうことを決めた彼女たちの姿を瑞々しく描く。（池澤春菜）

う-35-1

冲方　丁
十二人の死にたい子どもたち

安楽死をするために集まった十二人の少年少女。全員一致で決を採り実行に移されるはずのところへ、謎の十三人目の死体が!?　彼らは推理と議論を重ねて実行を目指すが。（吉田伸子）

う-36-1

逢坂　剛
禿鷹《はげたか》の夜

ヤクザにたかり、弱きはくじく史上最悪の刑事・禿富鷹秋《とくとみたかあき》――通称ハゲタカは神宮署の放し飼い。だが、恋人を奪った南米マフィアだけは許さない。本邦初の警察暗黒小説。（西上心太）

お-13-6

大沢在昌
魔女の笑窪

闇のコンサルタントとして裏社会を生きる女・水原。男を一瞬で見抜くその能力は、誰にも言えない壮絶な経験から得た代償だった。美しいヒロインが、迫りくる過去と戦う。（青木千恵）

お-32-7

大沢在昌
魔女の盟約

自らの過去である地獄島を破壊した「全てを見通す女」水原は、家族を殺された女捜査官・白理《バイリー》とともに帰国。自らをはめた「組織」への報復を計画する。『魔女の笑窪』続篇。（富坂　聰）

お-32-8

大沢在昌
魔女の封印（上下）

裏のコンサルタント水原が接触した男は、人間のエネルギーを摂取し命を奪う新種の〟頂点捕食者〟だった！　女性主人公・水原の魅力が全開の人気シリーズ第3弾。（内藤麻里子）

お-32-10

大沢在昌
極悪専用

やんちゃが少し過ぎた俺は、闇のフィクサーである祖父《じい》ちゃんの差し金でマンションの管理人見習いに。だがそこは悪人専用住居だった！　ノワール×コメディの怪作。（薩田博之）

お-32-9

奥田英朗
イン・ザ・プール
プール依存症、陰茎強直症、妄想癖など、様々な病気で悩む患者が病院を訪れるも、精神科医・伊良部の暴走治療ぶりに呆れるばかり。こいつは名医か、ヤブ医者か？　シリーズ第一作。
お-38-1

奥田英朗
空中ブランコ
跳べなくなったサーカスの空中ブランコ乗り、尖端恐怖症で刃物が怖いやくざ……。おかしな症状に悩める人々を、トンデモ精神科医・伊良部一郎が救います！　爆笑必至の直木賞受賞作。
お-38-2

奥田英朗
町長選挙
都下の離れ小島に赴任することになった、トンデモ精神科医の伊良部。住民の勢力を二分する町長選挙の真っ最中で、巻き込まれた伊良部は何とひきこもりに！　絶好調シリーズ第三弾。
お-38-3

奥田英朗
無理（上下）
壊れかけた地方都市・ゆめのに暮らす訳アリの五人。それぞれの人生がひょんなことから交錯し、猛スピードで崩壊してゆく様を描いた傑作群像劇。一気読み必至の話題作！
お-38-5

荻原　浩
幸せになる百通りの方法
自己啓発書を読み漁って空回る青年、オレオレ詐欺の片棒担ぎ、リストラを言い出せないベンチマン……今を懸命に生きる人々を描いたユーモラス＆ビターな七つの短篇。　（温水ゆかり）
お-56-3

荻原　浩
ギブ・ミー・ア・チャンス
漫才芸人を夢見てネタ作りと相方探しに励むフリーターを描く表題作ほか、何者かになろうと挑み続ける、不器用で諦めの悪い八人の短篇集。著者入魂の「あと描き」（イラスト）収録。
お-56-4

大崎　梢
夏のくじら
大学進学で高知にやって来た篤史はよさこい祭りに誘われる。初恋の人を探すために参加するも、個性的なチームの面々や踊りの練習に戸惑うばかり。憧れの彼女はどこに!?　（大森　望）
お-58-1